愛知県公立高等学校

令和四年学力検査

全日制課程　A

第一時限問題　国語

検査時間　九時十分から九時五十五分まで

「解答始め」という指示があるまで、次の注意をよく読みなさい。

注意

(一) 解答用紙は、この問題用紙とは別になっています。

(二) 「解答始め」という指示で、すぐ受検番号をこの表紙と解答用紙の決められた欄に書きなさい。

(三) 問題は(1)ページから(9)ページまであります。(9)ページの次からは白紙になっています。受検番号を記入したあと、問題の各ページを確かめ、不備のある場合は手をあげて申し出なさい。

(四) 答えは全て解答用紙の決められた欄に書きなさい。

(五) 印刷の文字が不鮮明なときは、手をあげて質問してもよろしい。

(六) 「解答やめ」という指示で、書くことをやめ、解答用紙と問題用紙を別々にして机の上に置きなさい。

受検番号	第　　　番

2022(R4) 愛知県公立高　A
教英出版

国語

一　次の文章を読んで、あとの(一)から(六)までの問いに答えなさい。

[1] かつて私たちは、自由のためには批判的な精神をもつことが重要だ、という言葉をしばしば耳にしてきた。それは、たとえば権力や権威に屈してはいけないとか、多数派の意見に迎合するような態度をとってはならないとか、通俗的な見解はつねに疑ってみる必要があり、真理は多くの場合少数者のものであって、真理を追求するうえでの孤立を恐れてはならない、というようなものであった。それらは、自由な精神をもちつづけるための、最低限の条件であった。この健全な批判精神が、自由な精神を維持するためには必要だと、私たちは教わってきた。もちろん、その重要性を私も否定しない。だがそれだけで、自由な精神をもちつづけることができるのだろうかと問われれば、必ずしもそうもいえないのである。（中略）

[2] 以前の私は、子供の頃に覚えたダーウィンの進化論、簡単に述べれば、生物たちは環境に適応しながら進化をとげてきたという説を、真理だと思いこんできた。〔 A 〕、子供の頃に読んだその分野の本には、どれにもそう書いてあったからである。ところがある時期から、それもまたひとつの仮説にすぎないのだと思うようになった。ダーウィンの進化論が真理だとするだけの確実な証拠はないことを、知るようになったのである。今日の生物進化の理論には、主流をしめる修正ダーウィン理論、共生的進化の理論などいくつかの説があり、神が生物を創造したとする創造説も、アメリカなどでは結構根強いものがある。私は生物学者ではないから、自分でこの問題を研究することはない。その立場から述べれば、生物進化に関するすべての理論は、今日なお仮説以上のものではなく、何が真理かは確認されていないと考えておくことが、一番妥当なのである。ところが、にもかかわらず以前の私は、ダーウィンの進化論的な視点から、生物界をみていた。進化の遅れた生物、進んだ生物という観念も受け入れてきた。しかし、いまではそれは誤りだったのではないかと感じている。少なくとも、生物には遅れた生物も、進んだ生物も存在せず、それぞれの生物が大きな共生関係を結びながら、それぞれの世界を十分に生きているのだと思うようになった。〔 B 〕、そう考えるようになって、はじめて、十分に生きている生き物たちの、自由さがわかるようになった。

[3] もっとも私は、どちらの説が正しいのかを、問うているのではないのである。ここで私が問題にしているのは、ひとつの認識方法を手にしたことで、その角度からしか、ものをみることができなくなってしまう、ということである。歴史の世界でも、かつて私たちは、封建主義の時代という認識方法を手にしてしまったために、共同体時代を、人間たちの悲惨な時代という視点からばかりみる習慣を身につけてしまった。この問題は今日、歴史社会学からの見直しが進められているけれど、こうして生まれてきた新しい中世社会論や、江戸時代論などを読むと、かつての封建社会論が、あまりにも[①]歴史のとらえ方だったことがわかる。このように考えていくと、私たちは、ひとつの認識方法を自分のものにしたことによって、かえって、ものごとを自由にみていく精神を失うことがある、と気づくのである。

[4] 私たちは、いろいろなものを認識しながら生きている。自然を認識し、社会を認識し、人間とは何かを認識しつづけている。しかしその結果、自然や社会や人間を、自由にみていく精神を失っているのかもしれない。そればかりか、認識することによって、認識したとおりの世界が、実際にあると思いこんでしまう誤りをおかす。そして、ときどき私たちは、

自分たちの認識の誤りを批判され、そのときはじめて、私たちが認識していたような事実は、存在していなかったのだと気づくのである。たとえば欧米の社会を基準にして世界をみていたときは、人々は非欧米地域には未開の地が広がっていると認識し、そこには事実として非文明的地帯があると思いこんでいた。ところが、このような世界観は、後に多くの人々の批判をあびるようになる。その批判を受けて、私たちは、かつて認識していたような未開の地域など存在せず、世界にはさまざまな文明が展開しているだけだ、ということに気づくようになった。といっても、それもまたひとつの認識である以上、批判されるときがくるかもしれないのである。このように考えていくと、たえず、ものごとを認識しながら生きている人間には、その認識という行為の中に、②人間の精神を不自由にしていく芽が生じているように私には感じられてならないのである。そして、だからこそ私は、人間にひそむ不自由な精神を、つねにみつめていたい。自分の認識は誤りではないかと、つねに思いつづける精神をもっていたい。それが、認識という行為をおこなっている人間の、とるべき態度ではないかと、思えるのである。（中略）

5 現実の中で生きている以上、現実にとらわれた精神をもちつづけている、それが私たちの姿である。とすると、自由な精神を得ようとして挑みつづけるところに、人間の精神の自由さはあるのであって、③何ものからも自由になった精神自体があるわけではないのであろう。その理由のひとつに、次のようなこともある。人間は、言葉を媒介にしてものごとを考えている。無意識の世界では、言葉を介さずに何かを感じたり、何となく安心したり、いらだったり、了解したりしているのに、意識化された世界では、人間の精神は言葉を用いて思考する。もっとはっきり述べれば、言葉が生まれたことによって、人間は意識的な思考をするようになったといってもよい。たとえば私たちは、自然保護という言葉が生まれたことによって、自然保護について考えるようになったのではなかったか。もちろんそのような言葉がなくても、自然が好きな人や、自然を大事なものと思う人たちはいただろう。しかし、自然を保護の対象として考える思考方法は、自然保護という言葉がなければ、多くの人のものに、なることはなかった。同じように、美しいという言葉がなければ、私たちはそれをみて何らかの感動を覚えても、それを美しいという概念で考えることはなかったであろうし、明治時代になって自然や愛という言葉が入ってくるまでは、日本には、自然や愛という言葉を用いた思考回路は存在していなかったのである。

6 ところが言葉を用いて思考する以上、どうしても私たちの精神は、その言葉を用いて、ものごとを認識するようになる。自然という言葉が日本に入ることによって、生物たちの世界を自然としてとらえはじめたように、人間の言葉は、言葉のもつ意味に支配されながらしか動かないのである。その言葉には、その時代がもたらした特有の意味がこめられている。たとえば近代国家が生まれなければ、今日私たちが使っているような意味での「国家」とか「国」という言葉は誕生しなかったはずなのに、現在の私たちは、近代国家成立以降の「国家」とか「国」という言葉にとらわれた、思考回路をもっているのである。とすると、言葉を用いて思考することによって、私たちの精神は、その言葉をつくりだした時代の考え方に支配されるのかもしれない。そして自由な精神をもとうとすれば、そのことに挑みつづけなければならないのかもしれないのである。

（内山節《うちやまたかし》『自由論 ―― 自然と人間のゆらぎの中で』岩波書店による）

(注) ○ 1～6は段落符号である。
○ 迎合＝自分の考えを曲げてでも、他人の意向や世の風潮に調子を合わせること。
○ 通俗的な＝誰にでもわかりやすいさま。
○ 封建主義の時代＝ここでは、主従関係を社会の基盤としていた時代のこと。
○ 共同体時代＝ここでは、人々が血縁関係や住む土地のつながりの中で暮らしていた時代のこと。
○ 媒介＝二つのものの間をとりもつもの。

(一) 〔A〕、〔B〕にあてはまることばの組み合わせとして最も適当なものを、次のアからエまでの中から選んで、そのかな符号を書きなさい。

ア 〔A〕それゆえ　〔B〕たとえば
イ 〔A〕なぜなら　〔B〕たとえば
ウ 〔A〕それゆえ　〔B〕そして
エ 〔A〕なぜなら　〔B〕そして

(二) ① にあてはまる最も適当なことばを、次のアからエまでの中から選んで、そのかな符号を書きなさい。

ア 大局的な　イ 一方的な　ウ 楽観的な　エ 急進的な

(三) ②人間の精神を不自由にしていく芽 の具体例として適当でないものを、次のアからエまでの中から一つ選んで、そのかな符号を書きなさい。

ア 子供の頃に覚えたダーウィンの進化論を真理だと思いこむこと
イ 封建主義時代という認識方法で共同体時代を悲惨なものと捉えること
ウ 新しい中世社会論や江戸時代論も一つの認識にすぎないと考えること
エ 欧米の社会を基準として非欧米地域を未開の地と認識すること

(四) ③何ものからも自由になった精神自体があるわけではないのであろう とあるが、筆者はこのように考える理由を第六段落で詳しく述べている。それを要約して、六十字以上七十字以下で書きなさい。ただし、「思考」、「認識」、「考え方」という三つのことばを全て使って、「私たちの精神は、……」という書き出しで書き、「……可能性があるから。」で結ぶこと。三つのことばはどのような順序で使ってもよろしい。

(注意)
・句読点も一字に数えて、一字分のマスを使うこと。
・文は、一文でも、二文以上でもよい。
・左の枠を、下書きに使ってもよい。ただし、解答は必ず解答用紙に書くこと。

私たちの精神は、

60

70

(五) 次の**ア**から**エ**までの中から、その内容がこの文章に書かれていることと一致するものを一つ選んで、そのかな符号を書きなさい。

ア 常識とされる考えを疑い、ものごとの真理や本質を捉えることができれば、独自の意見を創造する自由な精神を得たことになる。

イ 自分の認識を常に疑うことで、批判的精神を身につけることができる一方、自由な精神を失う可能性があることに留意すべきである。

ウ 自由な精神を得るためには、健全な批判精神をもつだけでなく、自分の認識は誤りではないかと常に省みることが重要である。

エ 無意識の世界では、人間の自由な精神は言葉を介さない方法によってものごとを認識し、他者と感動を共有することができる。

(六) この文章の論の進め方の特徴として最も適当なものを、次の**ア**から**オ**までの中から選んで、そのかな符号を書きなさい。

ア 最初に結論を述べたあと、その根拠となる複数の具体例を示すことで、自らの主張をわかりやすく伝えようとしている。

イ 一般に認められている考えを紹介したのちに、自分の考えと共通する意見を提示し、続いて述べる自らの考えの妥当性を高めている。

ウ さまざまな研究分野の文章を引用した上で、自らの考えを述べ、想定される反論の問題点を示すことで説得力を強めている。

エ 中心となる問題を提起したのちに、自身の経験を交えたさまざまな例を挙げながら、自らの考えを掘り下げている。

オ はじめに仮説を立てたあと、身近な事例に基づいて検証を進めることで、自らの考えの客観性と確かさを明らかにしている。

二

次の㈠、㈡の問いに答えなさい。

㈠ 次の①、②の文中の傍線部について、漢字はその読みをひらがなで書き、カタカナは漢字で書きなさい。

① 波間に小舟が漂っている。

② 過去十年間の留学生のゾウゲンを調べる。

㈡ 次の文中の〔 ③ 〕にあてはまる最も適当なことばを、あとの**ア**から**エ**までの中から選んで、そのかな符号を書きなさい。

彼のすばらしい演奏は、〔 ③ 〕にできるものではない。

ア 一朝一夕　**イ** 一喜一憂　**ウ** 一長一短　**エ** 一進一退

三　次の文章を読んで、あとの(一)から(五)までの問いに答えなさい。

〔本文にいたるまでのあらすじ〕

松磬堂《しょうけいどう》に鎌倉彫（木器に彫刻を施して漆を塗った工芸品）の稽古に通う若林《わかばやし》美佐子《みさこ》は、岩壁登攀《とうはん》（ロッククライミング）にも熱中していた。美佐子の彫刻の腕は師の松磬も驚くほどに上達し、松磬は美佐子に屈輪彫《くりぼり》（鎌倉彫に好んで使われる技法で、高度な技術を要する）に挑戦するよう促している。

〔本文〕

1　若林美佐子の足は重かった。師の家が近づくにつれて彼女の気持ちもまた〈　A　〉いった。屈輪彫をやってみなさいと言われたのは六月だった。それから三か月もたっているのに、彫りに取りかかってはいなかった。文様がきまらないからだった。師の松磬はヒントが山にあるはずだと言った。確かにそのヒントは六月のある晴れた日のお昼ごろ、一《いち》の倉《くら》岳《だけ》の頂上において天から与えられた。青空いっぱいに浮かぶ巻雲《けんうん》とその末端のカールはそのまま、屈輪彫に生かすことができた。しかし彼女はそれだけでは物足りなかった。百ほども図案を書いたが一つとして師の前に自信をもって持ち出せるようなものはなかった。

2　谷川岳《たにがわだけ》にはウイークデーを利用して月に二度は出かけていった。パートナーはきまって佐久間《さくま》博《ひろし》だった。谷川岳の岩壁を次々と登り、登るたびに新しい技術を身につけていた。その激しくてスピーディな佐久間の特訓を受けながらも、彼女は暇があれば目を空に投げていた。屈輪文様のヒントとなるべき、より以上図形的な雲を探し続けた。しかし、一の倉岳の頂上で見たような雲は二度と現れなかった。屈輪彫に一日も早くかかりたかった。しかし文様がきまらなくてはどうしようもなかった。あせればあせるほど屈輪文様は彼女から遠のいていくような気がした。

（私にはその才能がないのかもしれない）そんなことをふと思った直後には、そのまま山へ直行したいほど山が恋しくなった。

3　佐久間の特訓を受けながら、彼女自身の内部では文様創作の特訓が続いていた。古来から伝えられている鎌倉彫の屈輪文様は余すことなく模写した。現代作家による屈輪文様もすべて研究し尽くした。それらの基礎的文様の上に彼女自身の文様を創作することがいかに難しいものかが日を経るに従って分かってくる。他人が登った岩壁にはハーケンや埋め込みボルトが打ち込んであるから、そのルートを追っていくかぎりそう難しいことではないが、未登攀の岩壁は想像もできないほどの苦労をしないと登ることができないのと比較して考えていた。彼女は岩壁登攀と屈輪文様の創作とを強いて結びつけて考えたくはなかったが、しかし岩壁登攀に熱中している彼女の中のもう一人の美佐子が岩壁登攀と同じように、屈輪文様に没頭していく姿を無視できなかった。

4　師の前での朝の挨拶がつらかった。その直後、「屈輪文様はきまりましたか」と師に聞かれたとき返事ができなかった。「まあいいさ、気に入ったものができるまで構想を練ることだ。他人のまねをやるより、すべて初めっから新しい発想でいくのもあなたらしい」と松磬は言った。彼女はその言葉に〈　B　〉いた。屈輪彫をやってみろと言われたときから、彼女はその作品に全力を集中しようと思った。それが成功するかどうかが、自分の将来を卜《ぼく》するもののように思われた。彼女は松磬堂の仕事場の机の前に座って牡丹《ぼたん》、椿《つばき》、薔薇《ばら》などのありきたりの文様を彫りながら屈輪文様をあれこれと頭に描いていた。「新しい文様はそう簡単にきまるものではない、なにかの折に、ふとそれが頭の中に浮かぶ。その浮かんでいる間に手早くそれを写し取るのだ」さよならの挨拶をするとき、松磬はこのようなことを言った。考え続けなさいと言われるとそれが重荷になった。彼女は帰宅すると、すぐ二階の仕事場に上がって、

3　次の(1)から(3)までの問いに答えなさい。

ただし，答えは根号をつけたままでよい。

(1)　図で，Ａ，Ｂ，Ｃ，Ｄは円周上の点で，線分ＡＣは∠ＢＡＤの二等分線である。また，Ｅは線分ＡＣとＢＤとの交点である。

∠ＤＥＣ＝86°，∠ＢＣＥ＝21°のとき，∠ＡＢＥの大きさは何度か，求めなさい。

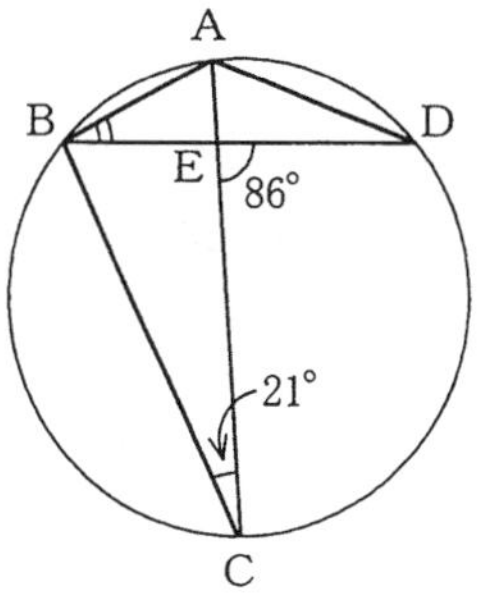

(2)　図で，四角形ＡＢＣＤは長方形であり，Ｅは長方形ＡＢＣＤの内部の点で，∠ＢＡＥ＝45°である。

四角形ＡＢＣＤ，△ＡＢＥ，△ＡＥＤの面積がそれぞれ80 cm^2，10 cm^2，16 cm^2のとき，次の①，②の問いに答えなさい。

①　△ＤＥＣの面積は何cm^2か，求めなさい。

②　辺ＡＢの長さは何cmか，求めなさい。

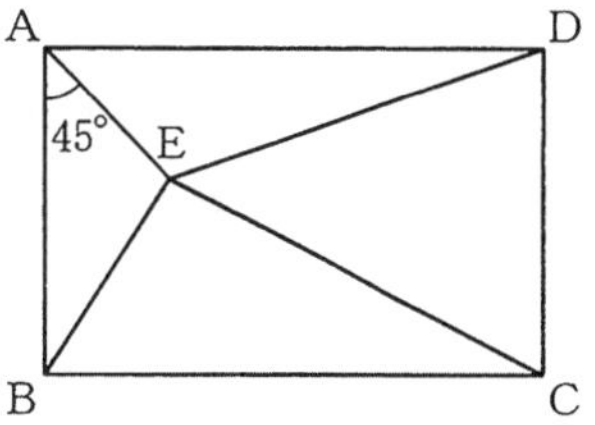

(3)　図で，立体ＡＢＣＤＥは辺の長さが全て等しい正四角すいで，ＡＢ＝4cmである。Ｆは辺ＢＣの中点であり，Ｇ，Ｈはそれぞれ辺ＡＣ，ＡＤ上を動く点である。

３つの線分ＥＨ，ＨＧ，ＧＦの長さの和が最も小さくなるとき，次の①，②の問いに答えなさい。

①　線分ＡＧの長さは何cmか，求めなさい。

②　３つの線分ＥＨ，ＨＧ，ＧＦの長さの和は何cmか，求めなさい。

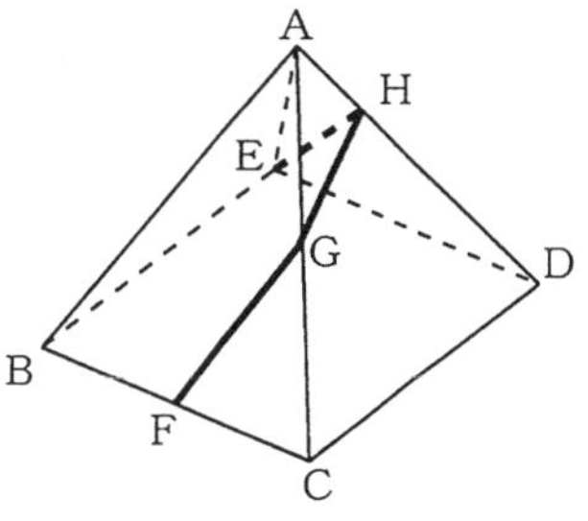

（問題はこれで終わりです。）

(3)　Ａ地点とＢ地点は直線の道で結ばれており，その距離は 18 kmである。

６人がＡ地点からＢ地点まで移動するために，運転手を除いて３人が乗車できるタクシーを２台依頼したが，１台しか手配することができなかったので，次のような方法で移動することにした。

- ６人を３人ずつ，第１組，第２組の２組に分ける。
- 第１組はタクシーで，第２組は徒歩で，同時にＡ地点からＢ地点に向かって出発する。
- 第１組は，Ａ地点から 15 km離れたＣ地点でタクシーを降り，降りたらすぐに徒歩でＢ地点に向かって出発する。
- タクシーは，Ｃ地点で第１組を降ろしたらすぐに向きを変えて，Ａ地点に向かって出発する。
- 第２組は，Ｃ地点からきたタクシーと出会った地点ですぐにタクシーに乗り，タクシーはすぐに向きを変えてＢ地点に向かって出発する。

タクシーの速さは毎時 36 km，第１組，第２組ともに歩く速さは毎時４kmとするとき，次の①，②の問いに答えなさい。

ただし，タクシーの乗り降りやタクシーが向きを変える時間は考えないものとする。

①　第１組がＡ地点を出発してから x 分後のＡ地点からの距離を y kmとするとき，Ａ地点を出発してからＢ地点に到着するまでの x と y の関係を，グラフに表しなさい。

②　第２組がタクシーに乗ったのはＡ地点を出発してから何分後か，求めなさい。

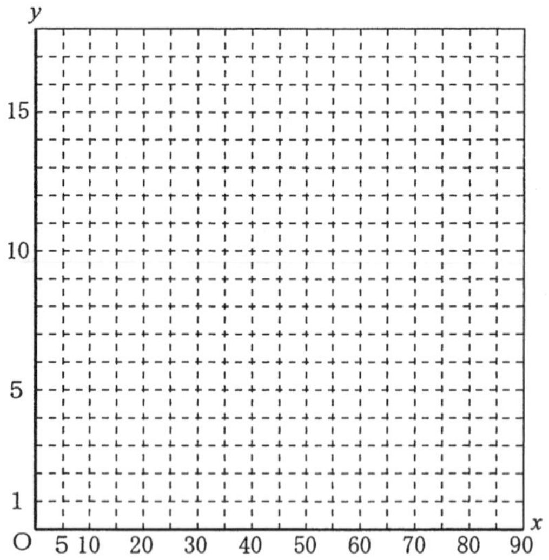

図3

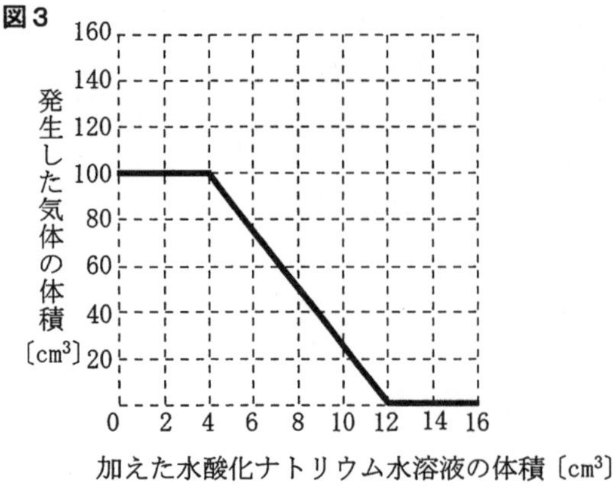

次の(1)から(4)までの問いに答えなさい。

(1) 〔実験1〕で起きている化学変化について説明した文として最も適当なものを，次の**ア**から**オ**までの中から選んで，そのかな符号を書きなさい。

ア ビーカーA，B，C，D，Eだけで中和が起きている。

イ ビーカーFだけで中和が起きている。

ウ ビーカーG，Hだけで中和が起きている。

エ AからHまでの全てのビーカーで中和が起きている。

オ AからHまでの全てのビーカーで中和は起きていない。

(2) 〔実験2〕で用いた気体の集め方を何というか。その名称を漢字で書きなさい。

(3) 〔実験2〕で発生した気体**X**の性質について説明した文として最も適当なものを，次の**ア**から**エ**までの中から選んで，そのかな符号を書きなさい。

ア 気体**X**は特有の刺激臭をもち，水に非常に溶けやすく，その水溶液はアルカリ性を示す。

イ 気体**X**は水に溶けやすく，水道水の消毒に用いられる。

ウ 気体**X**を石灰水に通すと，石灰水が白くにごる。

エ 気体**X**は非常に軽く，試験管に気体**X**を集めて線香の火を近づけると，音をたてて燃える。

(4) 〔実験1〕で用いた水酸化ナトリウム水溶液の濃さを2倍にして，加える水酸化ナトリウム水溶液の体積を0 cm³から16cm³までさまざまに変えて，〔実験2〕と同じことを行った。塩酸に加えた水酸化ナトリウム水溶液の体積と発生した気体の体積との関係はどのようになるか。横軸に加えた水酸化ナトリウム水溶液の体積〔cm³〕を，縦軸に発生した気体の体積〔cm³〕をとり，その関係を表すグラフを解答欄の**図4**に書きなさい。

ただし，発生した気体の体積が0 cm³のときも，**図3**にならって実線で書くこと。

図4

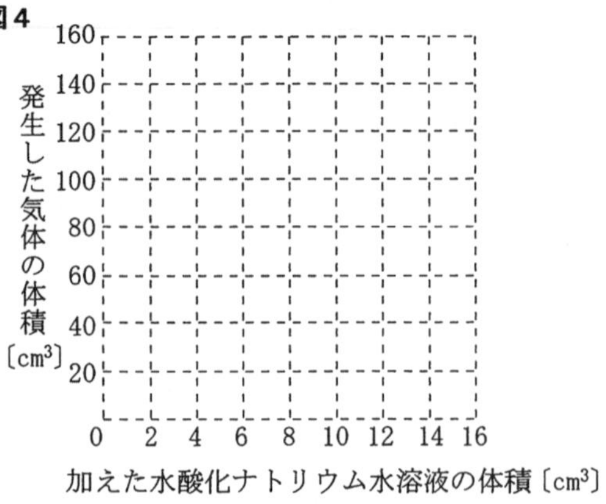

4 電流と磁界について調べるため，次の〔実験１〕から〔実験４〕までを行った。

〔実験１〕 ① **図１**のように，電熱線Ａと電源装置，電流計，電圧計を導線を用いて接続した。電源装置のスイッチを入れ，電圧計の示す値が０Ｖから少しずつ大きくなるように電源装置を調節しながら，電圧と電流の関係を調べた。

② ①の電熱線Ａを，別の電熱線Ｂにかえて，①と同じことを行った。

図１

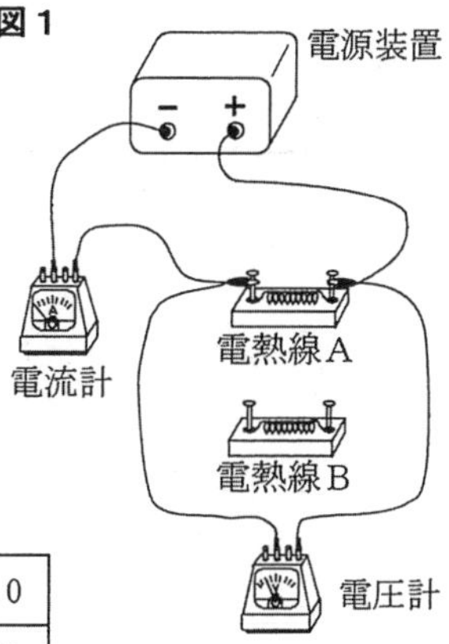

表は，〔実験１〕の電圧計と電流計が示す値を読み取った結果をまとめたものである。

表

電圧〔V〕		0	1.0	2.0	3.0	4.0	5.0
電流〔mA〕	電熱線Ａ	0	50	100	150	200	250
	電熱線Ｂ	0	20	40	60	80	100

〔実験２〕 ① **図２**のように，コイルをつり下げた木材をスタンドに固定し，コイルの一部が床に置いたＵ字型磁石のＮ極とＳ極の間を通るように，コイルの高さを調整した。次に，電源装置，コイル，電圧計と〔実験１〕と同じ電熱線Ａを，端子ｘ，ｙと導線を用いて接続した。

② 電源装置のスイッチを入れ，電圧計の示す値が5.0Ｖになるように電源装置を調節してコイルに電流を流し，そのときのコイルの動きを観察した。

図２

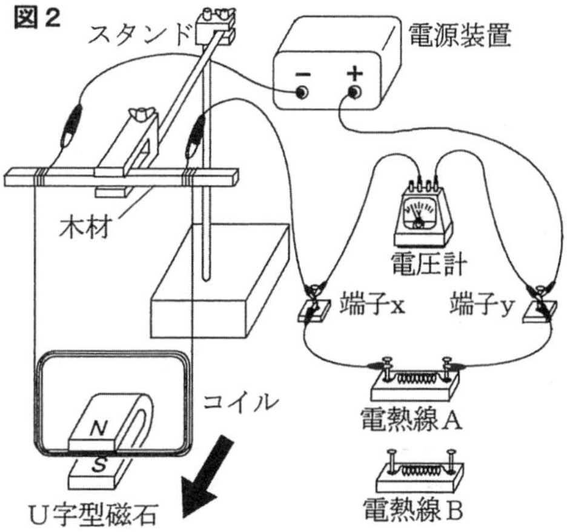

〔実験２〕の結果，コイルは**図２**の矢印（ ➡ ）の向きに動いた。

〔実験３〕 〔実験１〕の電熱線Ａ，Ｂを２つずつ用意し，**図２**の実験装置の端子ｘ，ｙ間に，**図３**のⅠからⅥまでのように接続して，〔実験２〕の②と同じことを行った。

なお，**図３**の ―[Ａ]― は電熱線Ａを，―[Ｂ]― は電熱線Ｂを表す。

図３

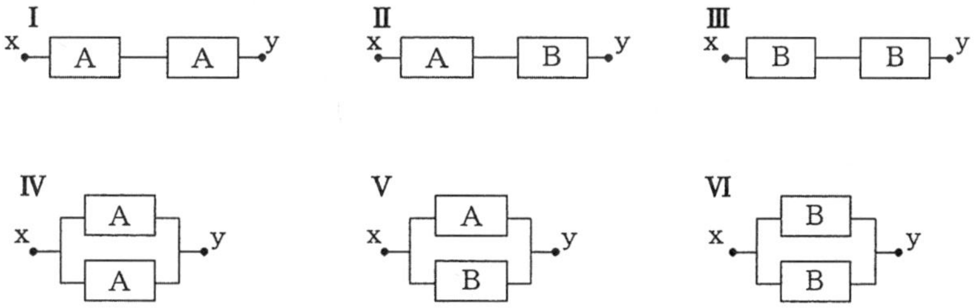

〔実験４〕　①　**図４**のように，コイルをつり下げた木材をスタンドに固定し，別のスタンドでコイルを固定した。次に，コイルと検流計を導線を用いて接続した。

②　棒磁石のＳ極をコイルに向け，**図４**の矢印の向きにコイルの直前まで近づけたときの，検流計の針の動きを調べた。

〔実験４〕の結果，検流計の針は＋《プラス》側に振れた。

図４

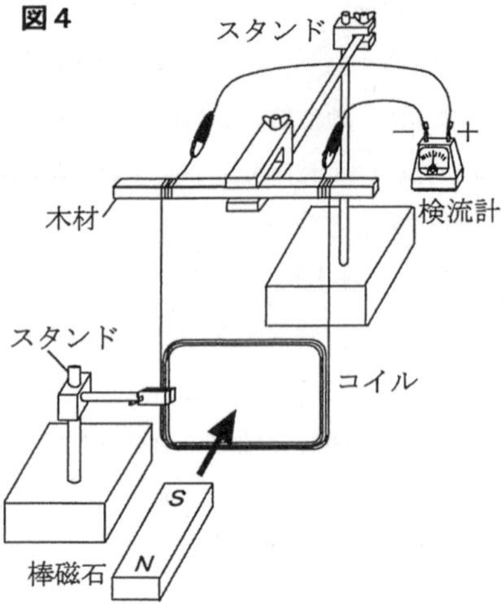

次の(1)から(4)までの問いに答えなさい。

(1)　〔実験１〕で，電熱線Ａの電気抵抗は何Ωか，整数で求めなさい。

(2)　〔実験２〕の後，電熱線Ａを取り外して，〔実験１〕と同じ電熱線Ｂに交換し，Ｕ字型磁石のＮ極とＳ極を上下逆にして同じ位置に置いた。コイルに流れる電流の向きを〔実験２〕と逆にして，〔実験２〕の②と同じことを行った。このとき，コイルの動いた向きとコイルの動きの大きさについて説明した文として最も適当なものを，次の**ア**から**エ**までの中から選んで，そのかな符号を書きなさい。

ア　コイルは〔実験２〕と同じ向きに，〔実験２〕よりも大きく動いた。

イ　コイルは〔実験２〕と同じ向きに，〔実験２〕よりも小さく動いた。

ウ　コイルは〔実験２〕と反対向きに，〔実験２〕よりも大きく動いた。

エ　コイルは〔実験２〕と反対向きに，〔実験２〕よりも小さく動いた。

(3)　〔実験３〕で接続した**図３**の電熱線Ａ，Ｂの組み合わせのうち，コイルの動きが〔実験２〕よりも大きくなるものはどれか。**図３**のⅠからⅥまでの中から全て選んで，その符号を書きなさい。

(4)　〔実験４〕の後，棒磁石のＮ極をコイルに向け，棒磁石を**図４**の矢印の向きに近づけて，コイルの直前で止めずに，そのままコイルを貫通させた。このときの，検流計の針の動きについて説明した文として最も適当なものを，次の**ア**から**エ**までの中から選んで，そのかな符号を書きなさい。

ア　＋側に振れ，０に戻り，再び＋側に振れ，０に戻る。

イ　＋側に振れ，０に戻り，次に－《マイナス》側に振れ，０に戻る。

ウ　－側に振れ，０に戻り，次に＋側に振れ，０に戻る。

エ　－側に振れ，０に戻り，再び－側に振れ，０に戻る。

5 ある地域で，地表から深さ20mまでの地層を調査した。**図1**は，この地域の地形図を模式的に表したものであり，**図1**の線は等高線を，数値は標高を示している。また，地点A，B，Cは東西の直線上に，地点B，Dは南北の直線上に位置している。**図2**の柱状図Ⅰ，Ⅱ，Ⅲは，**図1**の地点A，B，Cのいずれかの地点における地層のようすを，柱状図Ⅳは，地点Dにおける地層のようすを模式的に表したものである。

また，柱状図ⅠからⅣまでに示されるそれぞれの地層を調べたところ，いくつかの生物の化石が発見された。柱状図ⅠのPの泥岩の層からは，ビカリアの化石が発見され，このビカリアの化石を含む泥岩の層は柱状図Ⅱ，Ⅲ，Ⅳに示される地層中にも存在していた。

ただし，**図1**の地域の地層は互いに平行に重なっており，南に向かって一定の割合で低くなるように傾いている。また，地層には上下の逆転や断層はないものとする。

図1

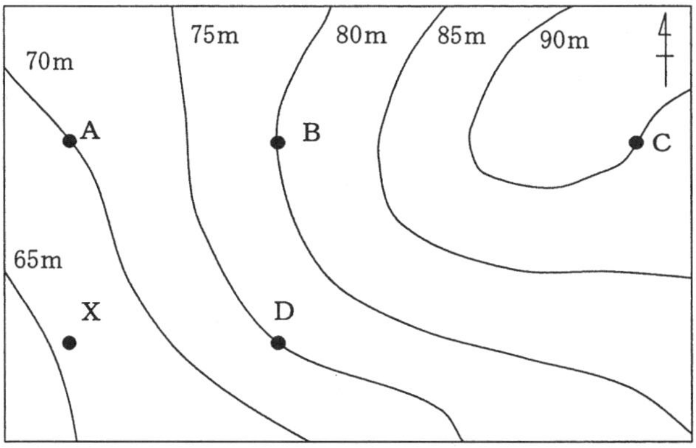

図2

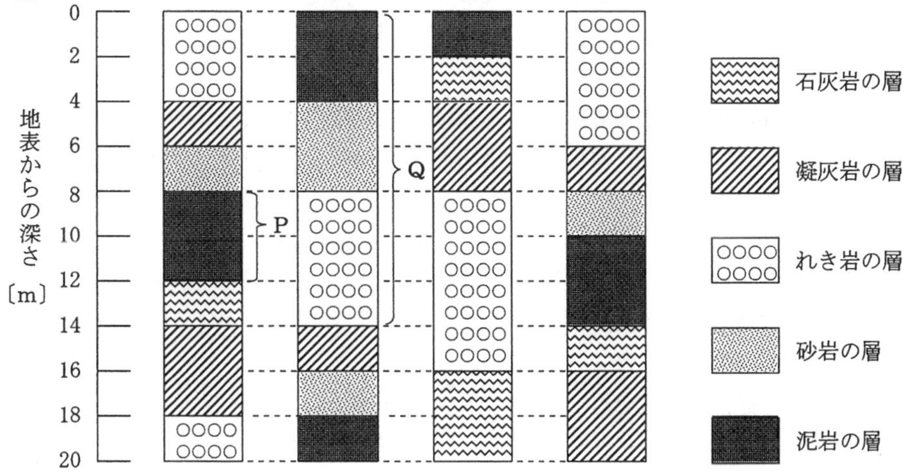

次の(1)から(4)までの問いに答えなさい。

(1) **図2**の柱状図ⅡのQで示した部分は，れき岩，砂岩，泥岩の層が順に堆積しており，ここから発見された化石から，柱状図Ⅱの地点は過去に海底にあったと考えられる。次の文章は，柱状図ⅡのQで示した地層が堆積したときの環境の変化について説明したものである。文章中の（　①　）と（　②　）にあてはまる語の組み合わせとして最も適当なものを，下の**ア**から**エ**までの中から選んで，そのかな符号を書きなさい。

> 土砂が川の水によって運ばれるときには，粒の大きさが（　①　）ものほど遠くに運ばれて堆積する。このことから，柱状図Ⅱの地点は（　②　）へとしだいに環境が変化したと考えられる。

ア　①　小さい，　②　沖合から海岸近く　　**イ**　①　小さい，　②　海岸近くから沖合
ウ　①　大きい，　②　沖合から海岸近く　　**エ**　①　大きい，　②　海岸近くから沖合

(2) **図2**の柱状図Ⅰに示されるPの泥岩の層からビカリアの化石が発見されたことから，この泥岩の層が堆積した年代を推定することができる。このような化石について説明した次の文章中の（　①　）から（　③　）までにあてはまる語の組み合わせとして最も適当なものを，下の**ア**から**ク**までの中から選んで，そのかな符号を書きなさい。

> ビカリアの化石のように，限られた時代にだけ栄え，（　①　）地域に生活していた生物の化石は，地層の堆積した年代を推定するのに役立つ。このような化石を（　②　）化石といい，ビカリアを含むPの泥岩の層は（　③　）に堆積したと考えられる。

ア　①　狭い，　②　示相，　③　新生代　　**イ**　①　狭い，　②　示相，　③　中生代
ウ　①　狭い，　②　示準，　③　新生代　　**エ**　①　狭い，　②　示準，　③　中生代
オ　①　広い，　②　示相，　③　新生代　　**カ**　①　広い，　②　示相，　③　中生代
キ　①　広い，　②　示準，　③　新生代　　**ク**　①　広い，　②　示準，　③　中生代

(3) **図1**の地点A，B，Cにおける地層のようすを表している柱状図は，それぞれ**図2**のⅠ，Ⅱ，Ⅲのどれか。その組み合わせとして最も適当なものを，次の**ア**から**カ**までの中から選んで，そのかな符号を書きなさい。

	ア	**イ**	**ウ**	**エ**	**オ**	**カ**
地点A	Ⅰ	Ⅰ	Ⅱ	Ⅱ	Ⅲ	Ⅲ
地点B	Ⅱ	Ⅲ	Ⅰ	Ⅲ	Ⅰ	Ⅱ
地点C	Ⅲ	Ⅱ	Ⅲ	Ⅰ	Ⅱ	Ⅰ

(4) **図1**の地点Xは，地点Aの真南かつ地点Dの真西に位置しており，標高は67mである。柱状図Ⅰに示されるビカリアの化石を含むPの泥岩の層は，地点Xでは地表からの深さが20mまでのどこにあるか。解答欄の**図3**に黒く塗りつぶして書きなさい。

図3

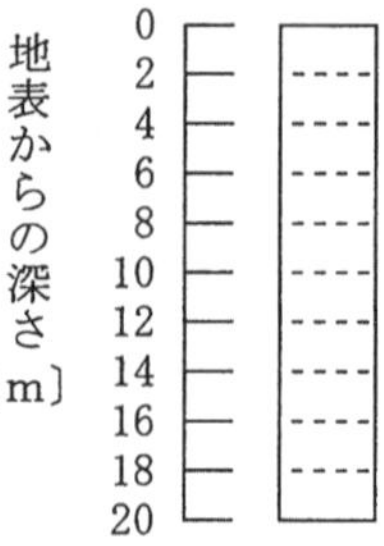

6 次の(1)，(2)の問いに答えなさい。

(1) **図**のように，ビーカーに入れた水80cm³にエタノールを加え，ガラス棒でよくかき混ぜて，質量パーセント濃度20%のエタノール水溶液をつくった。このとき加えたエタノールは何cm³か，整数で求めなさい。

ただし，溶質であるエタノールの密度は0.8g/cm³，溶媒である水の密度は1.0g/cm³とする。

図

(2) 弦をはじいたときの音の高さについて調べるため，次の〔実験１〕と〔実験２〕を行った。

〔実験１〕 ① **図**のように，定滑車を取り付けた台の点Ａに弦Ｘの片方の端を固定し，２つの同じ三角柱の木片の上と定滑車を通しておもりをつるした。

ただし，木片間の距離はL_1，おもりの質量はM_1とする。

図

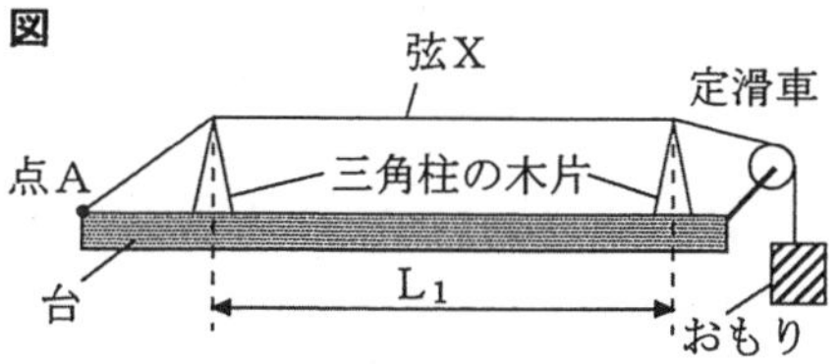

② 弦をはじいて，音の高さを調べた。

③ 距離L_1とおもりの質量M_1をそのままにして，弦を弦Ｘより細い弦Ｙに取りかえ，弦をはじいて，音の高さを調べた。

〔実験１〕では，弦Ｙのほうが，音が高かった。

〔実験２〕 〔実験１〕の装置を用いて，木片間の距離，弦の種類，おもりの質量をかえ，弦をはじいて，音の高さを調べた。

表は，そのときの条件を〔実験１〕も含めて整理したものである。

ただし，木片間の距離L_2はL_1より短く，おもりの質量M_2はM_1より小さいものとする。

実験の結果，条件ⅠからⅣまでのうち，２つの条件で音の高さが同じであった。

表

<table>
<tr><th></th><th>木片間の距離</th><th>弦</th><th>おもりの質量</th></tr>
<tr><td>Ⅰ</td><td rowspan="3">L_1</td><td rowspan="2">X</td><td>M_2</td></tr>
<tr><td>Ⅱ</td><td rowspan="3">M_1</td></tr>
<tr><td>Ⅲ</td><td>Y</td></tr>
<tr><td>Ⅳ</td><td>L_2</td><td>X</td></tr>
</table>

実験で発生する音の高さが同じになる２つの条件の組み合わせとして最も適当なものを，次の**ア**から**オ**までの中から選んで，そのかな符号を書きなさい。

ア Ⅰ，Ⅱ　**イ** Ⅰ，Ⅲ　**ウ** Ⅰ，Ⅳ　**エ** Ⅱ，Ⅲ　**オ** Ⅲ，Ⅳ

（問題はこれで終わりです。）

(1) 次のA，B，Cは，それぞれⅠの略地図中のX_1－X_2間，Y_1－Y_2間，Z_1－Z_2間のいずれかの地形断面図である。X_1－X_2間，Z_1－Z_2間の地形断面図の組み合わせとして最も適当なものを，下の**ア**から**カ**までの中から選んで，そのかな符号を書きなさい。なお，地形断面図は水平方向に対して垂直方向は拡大してあり，また，湖や河川などは水面の標高が断面図に示されている。

A

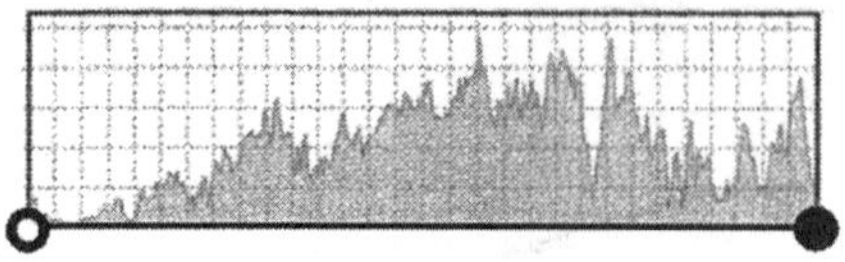

B

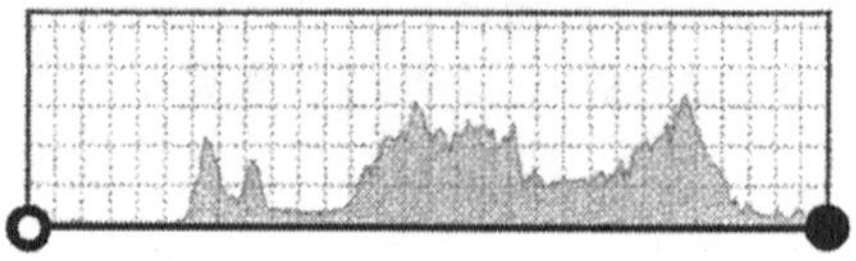

C

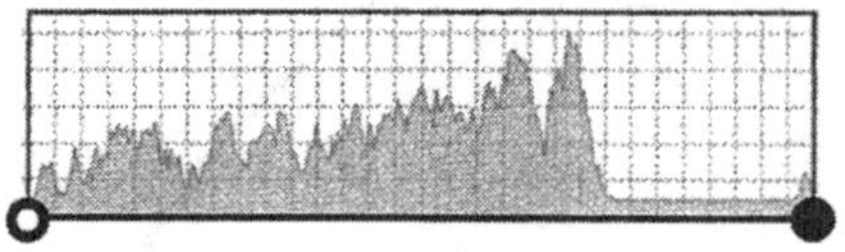

(国土地理院ウェブページにより作成)

ア　X_1－X_2間：A　Z_1－Z_2間：B　　**イ**　X_1－X_2間：A　Z_1－Z_2間：C
ウ　X_1－X_2間：B　Z_1－Z_2間：A　　**エ**　X_1－X_2間：B　Z_1－Z_2間：C
オ　X_1－X_2間：C　Z_1－Z_2間：A　　**カ**　X_1－X_2間：C　Z_1－Z_2間：B

(2) Ⅰの略地図中の都市とⅡのグラフのa，b，cの組み合わせとして最も適当なものを，次の**ア**から**カ**までの中から選んで，そのかな符号を書きなさい。

ア　明石市：a　新宮市：b　宮津市：c　　**イ**　明石市：a　新宮市：c　宮津市：b
ウ　明石市：b　新宮市：a　宮津市：c　　**エ**　明石市：b　新宮市：c　宮津市：a
オ　明石市：c　新宮市：a　宮津市：b　　**カ**　明石市：c　新宮市：b　宮津市：a

(3) 次の資料①，②は，Ⅲの表中のwからzまでのいずれかの府県について示したものである。資料①，②で示す府県として最も適当なものを，wからzまでの中からそれぞれ選んで，その符号を書きなさい。

資料①

かつて「天下の台所」とよばれた商業の中心地がある。
また，上の写真に示した，1994年に開港し，24時間運用できる国際拠点空港がある。

資料②

かつて律令に基づく政治の中心として栄えた都市がある。
また，上の写真に示した，世界最古の木造建築物として知られている寺院がある。

4 次のⅠの略地図は，インドの首都デリーを中心に，中心からの距離と方位を正しく示したものであり，Ⅱの表は，牛の飼育頭数等を示したものである。また，Ⅲのグラフの A，B，C は，カカオ豆，コーヒー豆，茶のいずれかの州別生産量の割合を示したものである。あとの(1)から(3)までの問いに答えなさい。

なお，Ⅰの略地図中の破線Xは，デリーから10000kmの距離を示しており，　　　で示した3国は，インド，ケニア，中国のいずれかである。

Ⅰ　略地図

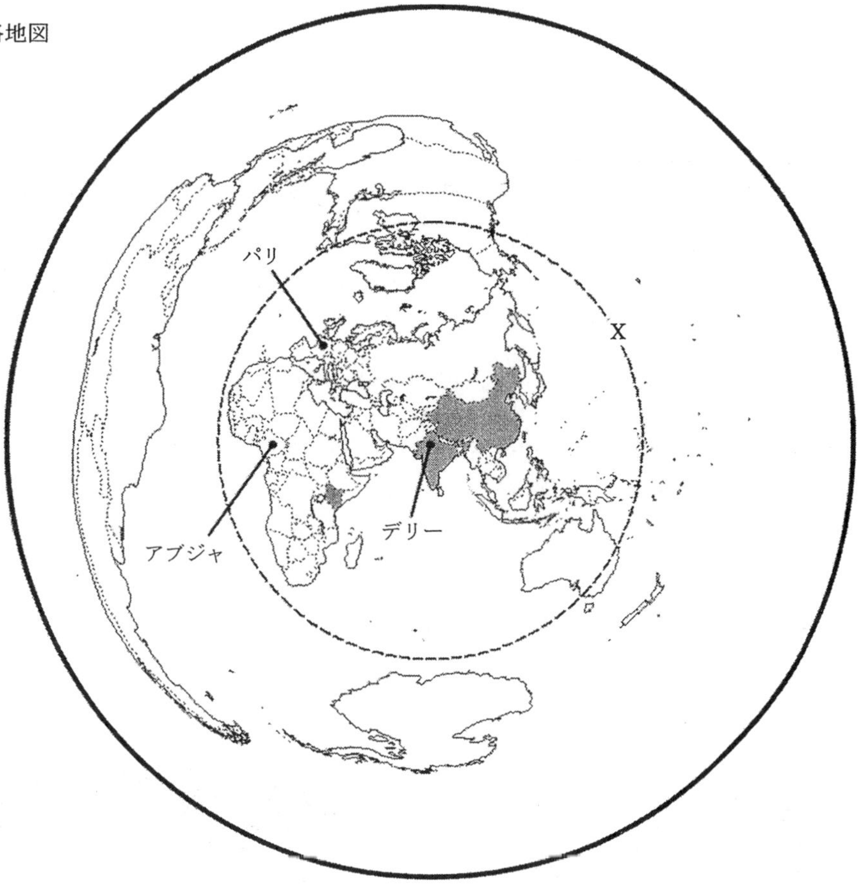

Ⅱ　牛の飼育頭数，豚の飼育頭数，牛肉の生産量，豚肉の生産量の上位6国

順位	牛の飼育頭数（万頭）		豚の飼育頭数（万頭）		牛肉の生産量（万 t）		豚肉の生産量（万 t）	
	国　名	頭数	国　名	頭数	国　名	生産量	国　名	生産量
1	ブラジル	21 352	中　国	44 159	アメリカ	1 222	中　国	5 404
2	インド	18 446	アメリカ	7 455	ブラジル	990	アメリカ	1 194
3	アメリカ	9 430	ブラジル	4 144	中　国	580	ドイツ	537
4	中　国	6 327	スペイン	3 080	アルゼンチン	307	スペイン	453
5	エチオピア	6 260	ベトナム	2 815	オーストラリア	222	ベトナム	382
6	アルゼンチン	5 393	ドイツ	2 645	メキシコ	198	ブラジル	379

（「データブック　オブ・ザ・ワールド　2021年版」をもとに作成）

Ⅲ　カカオ豆，コーヒー豆，茶の州別生産量の割合

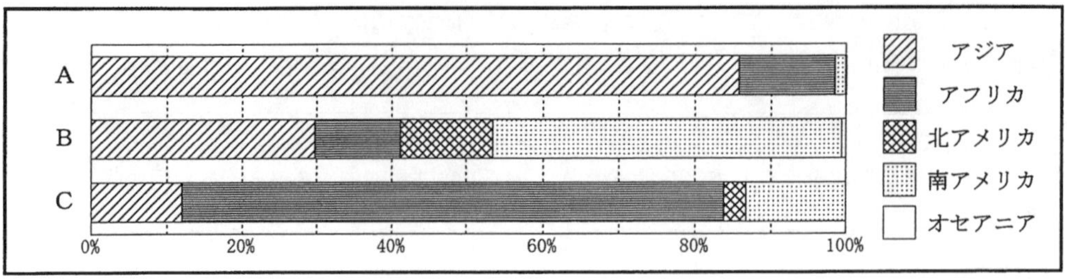

（「データブック　オブ・ザ・ワールド　2021年版」をもとに作成）

(1)　Ⅰの略地図から読み取ることができる内容として適当なものを，次の**ア**から**オ**までの中から全て選んで，そのかな符号を書きなさい。

ア　ナイジェリアの首都アブジャは，デリーから見てほぼ西の方位に位置する。
イ　デリーは，フランスの首都パリから見てほぼ南東の方位に位置する。
ウ　北アメリカ大陸の一部は，デリーから10000km以内に位置する。
エ　南極大陸の一部は，デリーから10000km以内に位置する。
オ　南アメリカ大陸の一部は，デリーから10000km以内に位置する。

(2) 次の文章は，生徒と先生がⅡの表をもとに，家畜の飼育頭数と肉の生産量について話し合った際の会話の一部である。文章中の（　①　），（　②　）にあてはまることばの組み合わせとして最も適当なものを，下の**ア**から**カ**までの中から選んで，そのかな符号を書きなさい。
　なお，文章中の２か所の（　②　）には同じことばがあてはまる。

生徒：豚の飼育頭数と豚肉の生産量は，順位は異なるものの，上位６国は同じですね。それに対して，牛の飼育頭数２位のインドは，牛肉の生産量では上位６国に入っていません。どうしてなんですか。
先生：これは，宗教が大きく影響しています。インドでは，約80％の人々が（　①　）教を信仰しており，この宗教では牛は神聖な動物とされているため，牛肉を食べないのです。
生徒：そういえば，（　②　）教を信じる人々は豚肉を食べないですね。
先生：そうですね。（　②　）教徒の人口が多くその割合が高いインドネシアやパキスタンなどの国では，豚肉の生産量だけでなく，豚の飼育頭数も多くありません。

ア　①　イスラム　　②　キリスト　　　**イ**　①　イスラム　　②　ヒンドゥー
ウ　①　キリスト　　②　イスラム　　　**エ**　①　キリスト　　②　ヒンドゥー
オ　①　ヒンドゥー　②　イスラム　　　**カ**　①　ヒンドゥー　②　キリスト

(3)　Ⅰの略地図中の　　　　で示した３国は，カカオ豆，コーヒー豆，茶のいずれかの農作物の生産量で世界の１位から３位までを占めている。下の表は，その農作物の日本における都道府県別収穫量上位３県と収穫量を示している。この農作物をⅢのグラフの**A**から**C**までの中から選んで，その符号を書きなさい。

順位	県　名	収穫量(百 t)
1	鹿児島県	1 373
2	静岡県	1 293
3	三重県	286

（「データブック　オブ・ザ・ワールド　2021年版」をもとに作成）

5 次のⅠからⅣまでの資料は，生徒が日本の情報化のようすと労働問題についてのレポートを作成するために用意したものの一部である。あとの(1)から(4)までの問いに答えなさい。

なお，Ⅰの資料中のX，Y，Zは，スマートフォン，パソコン，タブレット型端末のいずれかである。

Ⅰ　主な情報通信機器を保有している世帯の割合

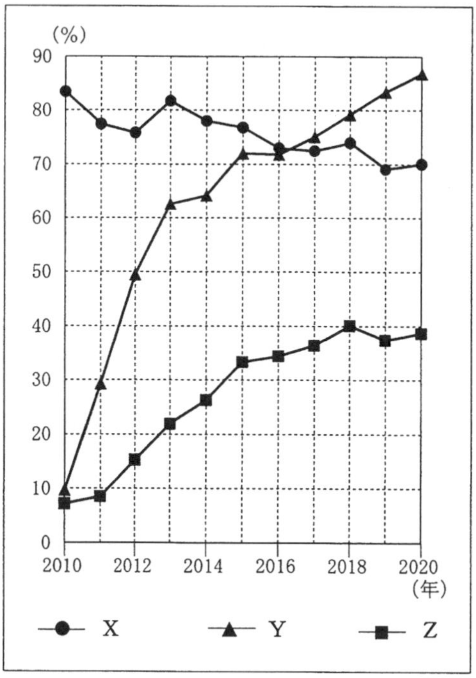

Ⅱ　年齢階層別インターネット利用機器の状況（令和２年）

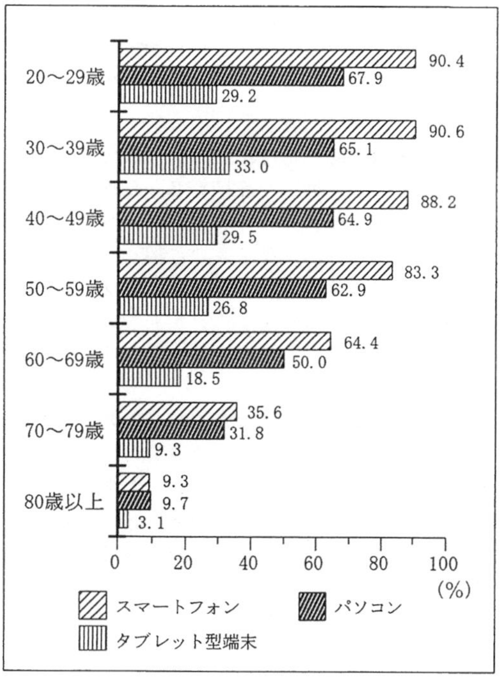

Ⅲ　年齢階層別インターネット利用状況　(%)

	20～29歳	30～39歳	40～49歳	50～59歳	60～69歳	70～79歳	80歳以上
平成28年	99.2	97.5	96.7	93.0	75.7	53.6	23.4
平成30年	98.7	97.9	96.7	93.0	76.6	51.0	21.5
令和２年	98.5	98.2	97.2	94.7	82.7	59.6	25.6

（注）数字は，年齢階層別のインターネット利用者の割合を示している。

（Ⅰ，Ⅱ，Ⅲは総務省「令和２年通信利用動向調査」などをもとに作成）

Ⅳ　労働に関連する法律の条文

第１条　①　労働条件は，労働者が人たるに値する生活を営むための必要を充たすべきものでなければならない。

第２条　①　労働条件は，労働者と使用者が，対等の立場において決定すべきものである。

(1) 次の文章は，生徒がⅠの資料をもとに，情報通信機器の保有状況について発表した際のメモの一部である。Ⅰの資料中のYの情報通信機器と，文章中の（　A　）にあてはまる数字の組み合わせとして最も適当なものを，下の**ア**から**カ**までの中から選んで，そのかな符号を書きなさい。

なお，文章中の2か所の（　A　）には同じ数字があてはまる。

Ⅰの資料をみると，2010年には，スマートフォンを保有している世帯の割合とタブレット型端末を保有している世帯の割合は，ともに10％程度でした。その後，スマートフォンを保有している世帯の割合は増加し，2019年には（　A　）％を上回っています。一方，パソコンを保有している世帯の割合は，2014年以降（　A　）％を下回っています。

ア　Y　スマートフォン　A　40　　**イ**　Y　スマートフォン　A　80
ウ　Y　パソコン　A　40　　**エ**　Y　パソコン　A　80
オ　Y　タブレット型端末　A　40　　**カ**　Y　タブレット型端末　A　80

(2) Ⅱ，Ⅲの資料から読み取ることができる内容をまとめた文として適当なものを，次の**ア**から**エ**までの中から全て選んで，そのかな符号を書きなさい。

ア　Ⅱの資料から，グラフ中の全ての年代において，3つの利用機器のうち，最も割合が高いのは「パソコン」であり，最も割合が低いのは「タブレット型端末」である。

イ　Ⅱの資料から，グラフ中の年代のうち，「80歳以上」を除いた他の全ての年代において，「スマートフォン」の割合が最も高い。

ウ　Ⅲの資料から，「平成28年」，「平成30年」，「令和2年」のいずれの年においても，表中の60歳未満の全ての年代で，インターネット利用者の割合が90％を上回っている。

エ　Ⅲの資料から，表中の60歳以上の全ての年代において，「平成28年」から「平成30年」，「平成30年」から「令和2年」では，ともにインターネット利用者の割合が増加している。

(3) Ⅳの資料に示されている労働に関連する法律の名称を漢字5字で書きなさい。また，この法律で定められている内容として最も適当なものを，次の**ア**から**エ**までの中から選んで，そのかな符号を書きなさい。

ア　労働者が団結して労働組合を結成すること
イ　ストライキなどの団体行動を行うこと
ウ　不当労働行為を禁止すること
エ　労働時間は1日8時間，1週間で40時間以内とすること

(4) 現在の日本の労働や雇用について述べた文として最も適当なものを，次の**ア**から**エ**までの中から選んで，そのかな符号を書きなさい。

ア　企業は，人件費をおさえるために，正規雇用労働者を増やし，アルバイトなどの非正規雇用労働者を減らす傾向にある。

イ　少子化による人口減少が続いており，深刻化する労働力人口の不足を解消するため，外国人労働者の受け入れを拡大していくためのしくみづくりが求められている。

ウ　諸外国の雇用状況を参考にして，労働者の能力や成果を賃金に反映させるしくみである年功序列賃金をとりいれる企業が増える傾向にある。

エ　非正規雇用労働者は，正規雇用労働者に比べて労働条件が不安定なため，賃金が高く設定されており，その賃金格差が問題になっている。

6 次のⅠの略年表は，20世紀のできごとを示したものであり，Ⅱの表は，主要国の政府開発援助の実績額，政府開発援助の実績額の国民総所得比，１人あたり国民総所得を示したものである。あとの(1)から(3)までの問いに答えなさい。

Ⅰ　略年表

日露戦争が始まる
↕ A
第一次世界大戦が始まる
↕ B
第二次世界大戦が始まる
↕ C
朝鮮戦争が始まる
↕ D
ベトナム戦争が始まる

Ⅱ　主要国の政府開発援助の実績額等

国　名	実績額（億ドル）	実績額の国民総所得比（%）	１人あたり国民総所得（ドル）
アメリカ	346	0.16	63 704
ド イ ツ	238	0.60	48 843
イギリス	194	0.70	41 953
日　本	155	0.29	40 529
フランス	122	0.44	42 289
スウェーデン	54	0.99	56 632
オランダ	53	0.59	54 115

（注）実績額の国民総所得比は，政府開発援助の実績額が国民総所得に占める割合を示している。

（「世界国勢図会　2020/21年版」をもとに作成）

(1) 国際連合が設立された年代を含む期間として最も適当なものを，Ⅰの略年表中のＡからＤまでの中から選んで，その符号を書きなさい。

(2) 国際連合について述べた次のＸ，Ｙ，Ｚの文について，正しい文を「正」，誤っている文を「誤」とするとき，それぞれの文の「正」，「誤」の組み合わせとして最も適当なものを，下の**ア**から**ク**までの中から選んで，そのかな符号を書きなさい。

Ｘ　国際連合の総会では，全ての加盟国が平等に１票をもち，世界のさまざまな問題について審議する。

Ｙ　国際連合の安全保障理事会では，アメリカ，イタリア，フランス，ロシア，中国の５か国が常任理事国となっている。

Ｚ　国際連合では，持続可能な開発を実現する取り組みを行っており，その一つとして，2015年に持続可能な開発目標（ＳＤＧｓ）を定めた。

ア　Ｘ：正　Ｙ：正　Ｚ：正　　**イ**　Ｘ：正　Ｙ：正　Ｚ：誤
ウ　Ｘ：正　Ｙ：誤　Ｚ：正　　**エ**　Ｘ：正　Ｙ：誤　Ｚ：誤
オ　Ｘ：誤　Ｙ：正　Ｚ：正　　**カ**　Ｘ：誤　Ｙ：正　Ｚ：誤
キ　Ｘ：誤　Ｙ：誤　Ｚ：正　　**ク**　Ｘ：誤　Ｙ：誤　Ｚ：誤

(3) Ⅱの表から読み取ることができる内容として最も適当なものを，次の**ア**から**エ**までの中から選んで，そのかな符号を書きなさい。

ア　表中の実績額の上位４国では，実績額が大きい国ほど国民総所得比が大きい。
イ　表中の７国のうち，ヨーロッパの各国の国民総所得比は，いずれも日本より大きい。
ウ　表中の実績額の上位４国では，１人あたり国民総所得が大きい国ほど実績額が小さい。
エ　表中の７国では，１人あたり国民総所得が大きい国ほど国民総所得比が大きい。

（問題はこれで終わりです。）

メモ欄（必要があれば，ここにメモをとってもよろしい。）

(1) 次の**ア**から**オ**までの英文を，対話文中の 【 **a** 】 から 【 **e** 】 までのそれぞれにあてはめて，対話の文として最も適当なものにするには，【 **b** 】 と 【 **d** 】 にどれを入れたらよいか，そのかな符号を書きなさい。ただし，いずれも一度しか用いることができません。

ア Yes. The codes are also popular in San Francisco.

イ I see. Japan has a variety of disasters every year.

ウ Your stay in this school has passed quickly. How's Japanese school life?

エ Yes. On a fire drill day, students in my school don't know about it at all.

オ Sounds good. Technology is a strong point of Japan.

(2) 下線①，②のついた文が，対話の文として最も適当なものとなるように，それぞれの(　　)にあてはまる語を書きなさい。

(3) (**A**) にあてはまる最も適当な語を，次の**ア**から**エ**までの中から選んで，そのかな符号を書きなさい。

ア voices　　**イ** laughter　　**ウ** sounds　　**エ** songs

(4) 次の英文は，対話があった日の夜，彩が英語の授業で発表するために書き始めたスピーチ原稿の一部です。この原稿が対話文の内容に合うように，英文中の (**X**) ，(**Y**) にそれぞれあてはまる最も適当な語を書きなさい。

Strong points of Japan

Japan is so wonderful. One day, I learned a new fact when I talked with Bob, a student from America. He knew about QR codes in America and he learned, in the class, that they were created in Japan. A Japanese technology is spreading to another country, giving the people a convenient life and (**X**) their daily lives!

In addition, many Japanese are ready (**Y**) a disaster. Bob was surprised to know that many Japanese have stored some food and water in case of a disaster....

(問題はこれで終わりです。)

4 彩（Aya）と帰国を控えた留学生のボブ（Bob）が昼休みに教室で話しています。次の対話文を読んで，あとの(1)から(4)までの問いに答えなさい。

Aya: Hi, Bob. When will you go back to your hometown?

Bob: Hi, Aya. I'll go back to San Francisco next month.

Aya: 【 a 】

Bob: Wonderful! I have learned about Japan in our school since last year, so I often talk about it with my host family.

Aya: Please tell me more.

Bob: Well, I learned about QR codes in the class last week. So I talked about them with my host grandfather. I told him that the codes were made in Japan. ①Then he told me that he (　　) for a Japanese company which first invented the QR code in 1994.

Aya: Did he?

Bob: 【 b 】 When I went to a restaurant with my family, my mother sometimes scanned the code with her smartphone to pay the money after the meal. It was very convenient. The Japanese technology has supported our daily lives in America.

Aya: 【 c 】 Did you talk about anything else?

Bob: Yes, we talked about evacuation drills. I think it's another strong point of Japan. Japanese drills are different from American drills.

Aya: Is that so?

Bob: 【 d 】 Then fire alarms in the school make loud (A) suddenly, and let us know the drill has started.

Aya: I've heard that some schools in Japan have that kind of drill.

Bob: Great! During my stay here, I've known that many Japanese prepare for disasters, such as fires, earthquakes and heavy rain.

Aya: 【 e 】 My family has made an emergency kit and we keep it in the house.

Bob: Oh, have you? ②My host family knows how much food and water they should store, and they also know (　　) the local shelter is during a disaster. It's amazing!

Aya: Our family, too. It's important for everyone to prepare for an emergency.

Bob: I agree with you. After going back to America, I'll tell my family to store food and water in case of a disaster.

（注） QR code　二次元コードの一つ　　scan ～　～を読み取る　　loud　大きい

(1) [①] にあてはまる最も適当な英語を，次の**ア**から**エ**までの中から一つ選んで，そのかな符号を書きなさい。

ア the sea, plastic pollution and

イ sea animals, Japanese people or

ウ Asian countries, plastic waste and

エ global warming, renewable energy or

(2) （ **A** ）にあてはまる最も適当な語を，次の５語の中から選んで，正しい形にかえて書きなさい。

have　　　live　　　make　　　save　　　use

(3) 下線②のついた文が，本文の内容に合うように，【　　　】内の語句を正しい順序に並べかえなさい。

(4) 本文中では，ビニールぶくろについてどのように述べられているか。最も適当なものを，次の**ア**から**エ**までの文の中から一つ選んで，そのかな符号を書きなさい。

ア Fish and sea animals do not eat small pieces of plastic bags as food at all.

イ Japanese people use plastic bags to reduce plastic waste and to keep the sea clean.

ウ In 2002, people in Bangladesh started using plastic bags for the first time in the world.

エ Many countries in the world have changed rules to reduce plastic bags since 2002.

(5) 次の**ア**から**カ**までの文の中から，その内容が本文に書かれていることと一致するものを二つ選んで，そのかな符号を書きなさい。

ア Every year, about 8 million tons of plastic waste come to Japan by the sea.

イ About 12% of the people in Aichi have been making only pottery and cars since 2019.

ウ People in Japan live their daily lives with a lot of convenient plastic products.

エ Plastic waste in the sea influences sea animals, but it does not influence people at all.

オ It is important for the people in the world to be interested in only plastic pollution.

カ The sea and our lives are connected, so changing our behavior makes the sea cleaner.

※教英出版注
音声は，解答集の書籍ＩＤ番号を
教英出版ウェブサイトで入力して
聴くことができます。

令和４年学力検査　外国語（英語）聞き取り検査の台本　　全日制課程　A

（聞き取り検査指示）

これから英語の聞き取り検査を行います。「始め」という指示で，すぐ受検番号をこの表紙と解答用紙の決められた欄に書きなさい。なお，「始め」という指示のあと，次の指示があるまで１分，時間があります。では，「始め」。（１分）

それでは，聞き取り検査の説明をします。問題は第１問と第２問の二つに分かれています。

第１問。

第１問は，１番から３番までの三つあります。それぞれについて，最初に対話を聞き，続いて，対話についての問いと，問いに対する答え，a，b，c，d を聞きます。そのあと，もう一度，その対話，問い，問いに対する答えを聞きます。必要があればメモをとってもよろしい。

問いの答えとして正しいものは解答欄の「正《せい》」の文字を，誤っているものは解答欄の「誤《ご》」の文字を，それぞれ○《まる》でかこみなさい。正しいものは，各問いについて一つしかありません。それでは，聞きます。

（第１問）

１番

Emily: Thank you, Mike. I'll never forget your kindness.

Mike: You're welcome, Emily. I'll keep in touch with you from here in London.

Emily: I'll send you e-mails from New York.

Question: What is true about this dialog?

a　Emily and Mike are sending e-mails now.

b　Emily is very kind to Mike in New York.

c　Emily and Mike will keep in touch.

d　Mike will never forget Emily's kindness.

それでは，もう一度聞きます。（対話，問い，問いに対する答えを繰り返す。）

２番

Mr. Brown: Good morning, everyone. Who wants to give a speech today?

Keiko: Let me try, Mr. Brown!

Mr. Brown: OK, Keiko, please come to the blackboard.

Question: What is the scene of this dialog?

a　Mr. Brown will give a speech.

b　Mr. Brown and Keiko will make a speech together.

c　Keiko's classmates will give a speech.

d　Keiko will make a speech to everyone.

それでは，もう一度聞きます。（対話，問い，問いに対する答えを繰り返す。）

３番

Lucy: Dad, I'm planning to go to Midori City tomorrow.

Dad: What's your plan, Lucy?

Lucy: Jane and I will see a movie. Could you take us to the theater?

Question: What will the father say next?

【解答用紙

二

(二) ③

1点×3

三

(一)

(二)

(三)

(四)

(五) (　　)(　　)

※三

1点×3

2点×2

四

(一)

(二)

(三)

(四)

※四

1点×4

受検番号 第　　　番

得点 ※

(注) ※印欄には何も書かないこと。

※22点満点

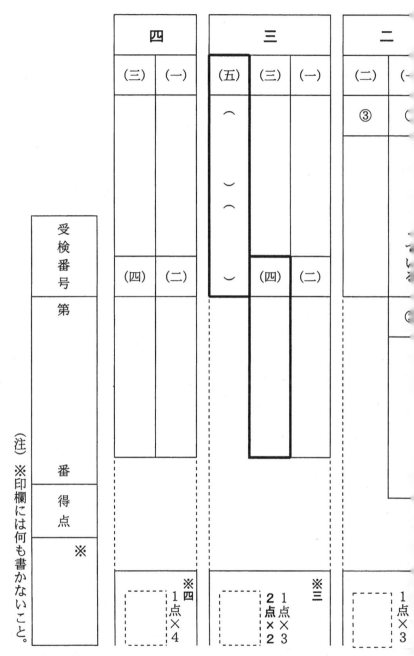

2)

令和４年学力検査　解答用紙　全日制課程Ａ

第２時限　数　　学

1					※1
	(1)		(2)		
	(3)		(4)		
	(5)	$x =$	(6)		
	(7)	$a =$	(8)	$y =$	1点×10
	(9)	倍	(10)	cm	

2			※2
	(1)	(　　,　　), (　　,　　)	
	(2)	Ⅰ (　　)	Ⅱ (　　)
		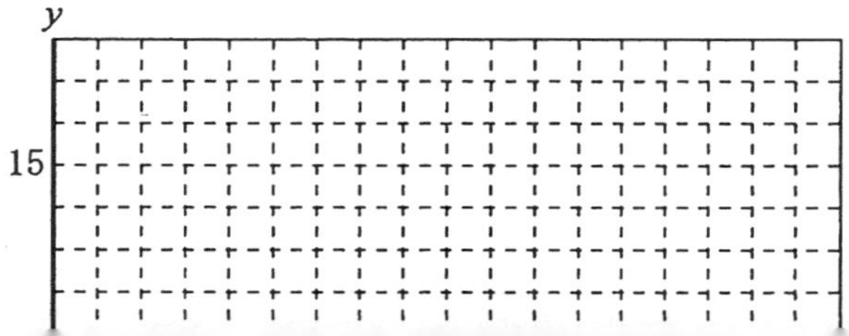	

【解答用紙

令和４年学力検査　解答用紙　全日制課程Ａ

第３時限　社　　会

1	(1)		(2)		※1 1点×3
	(3)				

2	(1)		(2)	2番目（　　　），3番目（　　　）
	(3)	位置（　　　　），ようす（　　　　）		
	(4)			
		かな符号（　　　）		

※2 1点×3 2点×1

3	(1)		(2)	
	(3)	資料①（　　　　），資料②（　　　　）		

※3 1点×2 2点×1

【解答用紙

6)

令和４年学力検査　解答用紙　全日制課程A

第4時限　理　　科

1	(1)	① (　　　), ② (　　　)	(2)		※1　1点×2

2	(1)		(2)		※2　1点×4
	(3)		(4)		

3	(1)		(2)		※3
	(3)				
	(4)	図4			

図4

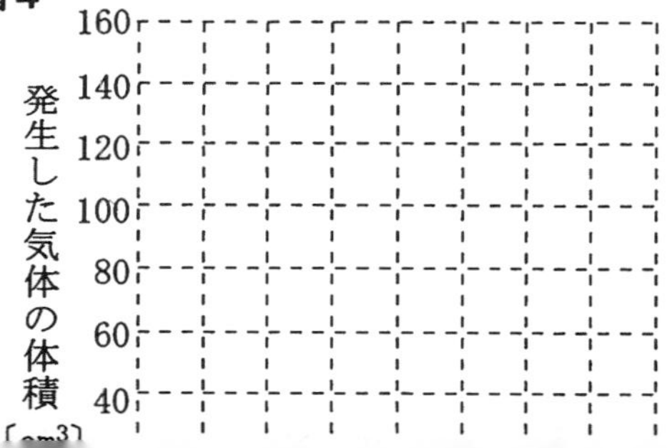

【解答用紙

令和４年学力検査　解答用紙　全日制課程Ａ

第５時限　外国語（英語）聞き取り検査

第１問

１番	a	正	誤	b	正	誤	c	正	誤	d	正	誤
２番	a	正	誤	b	正	誤	c	正	誤	d	正	誤
３番	a	正	誤	b	正	誤	c	正	誤	d	正	誤

1点×3

第２問

問１	a	正	誤	b	正	誤	c	正	誤	d	正	誤
問２	a	正	誤	b	正	誤	c	正	誤	d	正	誤

1点×2

令和４年学力検査　解答用紙　全日制課程A

第５時限　外国語（英語）筆記検査

1	Excuse me, 【① 】?		※1 1点×2
	Yes, 【② 】.		

2	①	Kento, you ( ) ( ) nervous.		※2 1点×3
	②	I ( ) math for English ( ) night.		
	③	Thank you ( ) your ( ).		

	(1)			※3
	(2)			

3	(3)	】 the sea.	1 点×4 2 点×1
	(4)		
	(5)	(　　　), (　　　)	

4	(1)	b (　　　), d (　　　)		※4 1 点×6
	(2)	①	②	
	(3)			
	(4)	X	Y	

受検番号	第　　　　番	得　点	※

（注）※印欄には何も書かないこと。

※聞き取り検査と合わせて22点満点

受検番号	第　　　　　番	得　点	※

(注) ※印欄には何も書かないこと。

※筆記検査と合わせて22点満点

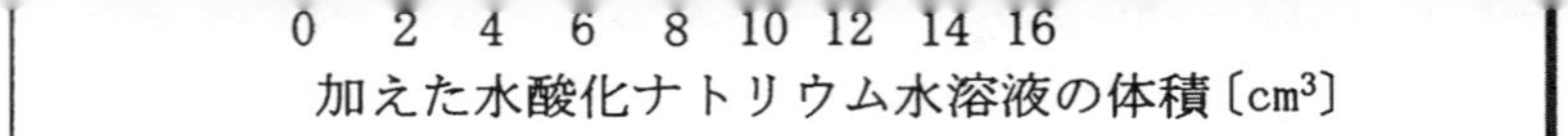

4	(1)	Ω	(2)	
	(3)		(4)	

※4 1点×4

5	(1)		(4)	図3
	(2)			
	(3)			

図3

※5 1点×3 **2点×1**

6	(1)	cm^3	(2)	

※6 1点×2

受検番号	第　　番	得　点	※

（注）※印欄には何も書かないこと。

※22点満点

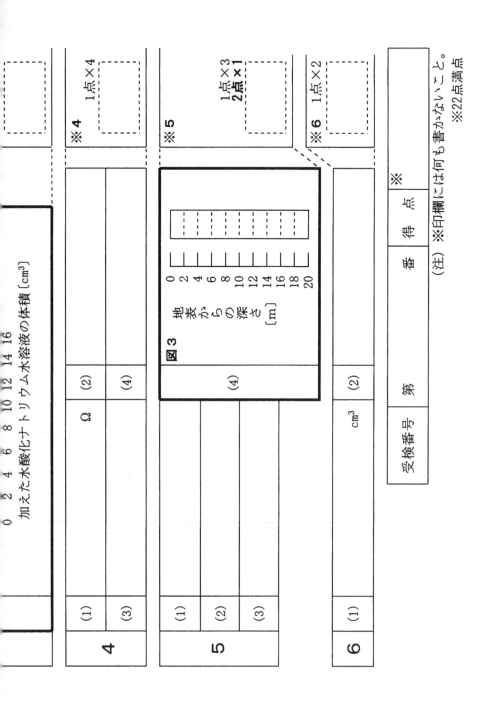

4	(3)				

					※5
5	(1)		(2)		
	(3)	名称（　　　　），内容（　　　　）			1点×4
	(4)				

					※6
6	(1)		(2)		1点×3
	(3)				

受検番号	第　　　　番	得点	※

（注）※印欄には何も書かないこと。

※22点満点

(3)	①	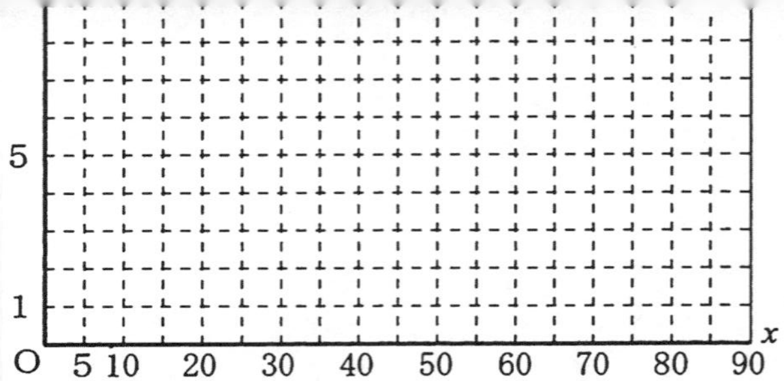
	②	分後

1点×1
2点×3

3	(1)	度			
	(2)	①	cm^2	②	cm
	(3)	①	cm	②	cm

※3

1点×5

受検番号	第　　　番	得　点	※

（注）※印欄には何も書かないこと。

※22点満点

令和四年学力検査　解答用紙　全日制課程A

第一時限　国語

一

(一)

(二)

(三)

(四)

私たちの精神は、

60

70

(五)

(六)

※一

1点×4

2点×2

a　Sure.　What time will the movie start?

b　Of course.　Let's meet Jane in front of the theater.

c　No.　I don't have much time today.

d　No, thank you.　How about you?

それでは，もう一度聞きます。（対話，問い，問いに対する答えを繰り返す。）

第２問。

第２問では，最初に，英語による天気予報を聞きます。続いて，天気予報についての問いと，問いに対する答え，a，b，c，d を聞きます。問いは問１と問２の二つあります。そのあと，もう一度，天気予報，問い，問いに対する答えを聞きます。必要があればメモをとってもよろしい。

問いの答えとして正しいものは解答欄の「正《せい》」の文字を，誤っているものは解答欄の「誤《ご》」の文字を，それぞれ〇《まる》でかこみなさい。正しいものは，各問いについて一つしかありません。それでは，聞きます。

（第２問）

Now we bring you tomorrow's weather information in Aichi.　This week, it's getting warmer and spring is coming.　Surprisingly, the swimming season has already started in Okinawa and the high will be 26 degrees Celsius.　Then, in Aichi, we'll have cloudy skies in the morning.　It'll rain in the afternoon.　The high will be 12 degrees and the low will be 4.

問１　What season is it in Aichi?

a　It is between fall and winter.

b　It is between winter and spring.

c　It is after summer.

d　It is before winter.

問２　What will the weather be in Aichi tomorrow?

a　It will be warm and the high will be 26.

b　It will be cloudy, and later sunny.

c　It will be cold and the low will be 12.

d　It will be cloudy, then rainy later.

それでは，もう一度聞きます。（天気予報，問い，問いに対する答えを繰り返す。）

それでは，「やめ」の指示があるまで見直してください。時間は１分程度です。（１分程度）

「やめ」。これで，聞き取り検査を終わります。

監督者は，聞き取り検査の解答用紙を回収してください。

受検者は，そのまま静かに待機しなさい。

3　次の文章を読んで，あとの(1)から(5)までの問いに答えなさい。

Japan is surrounded by the sea and people in Japan can see many kinds of fish and sea animals. However, it may be difficult for them to survive. In the world, about 8 million tons of plastic waste go into the sea every year. So, we should protect the sea for the future. This story is about [　①　] the way to solve it.

You may know Aichi is famous for making things, such as pottery and cars. But do you know that, in 2019, Aichi produced the most plastic products in Japan, about 12%? Plastic parts produced in Aichi are (A) in stationery, electronic devices, and so on. A lot of plastic products are around people in Japan. They are useful and support their daily lives.

Plastic products are convenient, but plastic waste is causing some problems in the sea. Plastic waste on roads moves into rivers, and then they carry the waste to the sea. ② <u>So there 【 in / is / our daily lives / from / plastic waste / a lot of 】 the sea.</u> Some people say that sea animals may eat the plastic waste and die. Other people say dangerous chemicals adhere to small pieces of plastic in the sea and fish may eat them. If we eat the fish, we may get sick. We should know plastic waste is a big problem not only for fish, but also for people.

Now many countries are trying hard to reduce plastic waste. One example is free plastic bags which people often use after shopping. In 2002, people in Bangladesh stopped using plastic bags for the first time in the world. In 2015, shops in the U.K. started selling a plastic bag for 5 pence. In 2018, people in more than 127 countries stopped using free plastic bags or any kind of plastic bags. In 2020, Japan started selling plastic bags instead of giving free plastic bags. In fact, Japan has reduced about three quarters of plastic bags for a year.

What should we do to reduce plastic waste? Aichi is running a campaign and trying to keep the sea clean. The campaign tells us that it is important to be interested in plastic pollution and take action. We should take our own bags for shopping instead of buying plastic bags after shopping.

The sea and the land are connected in nature. Our daily lives on the land influence many lives in the sea. Let's change our behavior as soon as possible. Taking action will make the sea cleaner.

(注)　part　部品　　adhere to ～　～に付着する　　reduce ～　～を減らす　　free　無料の
Bangladesh　バングラデシュ　　for 5 pence　5ペンスで(ペンス：英国の貨幣単位)
pollution　汚染

外国語（英語）筆記検査

1 次のイラストを見て，あとの問いに答えなさい。

対話文（A:あなた，B:外国人）

A: Excuse me, [①] ?

B: Oh, yes, please. I'm looking for Asahi Station. Do you know the station?

A: Yes, [②] . I'll take you there.

B: Thank you. You're so kind!

（問い） 買い物に行く途中のあなたは，困っている様子の外国人を見かけ，手助けを申し出ました。**対話文**の [①] と [②] に，それぞれ4語以上の英語を書き，対話を完成させなさい。

ただし，[①] には I（私は，私が），[②] には way（道，道筋）を必ず使うこと。なお，下の語を参考にしてもよい。

＜語＞

助ける，助け help　　～を知っている know ～

2 数学のテストを終えた賢人（Kento）と留学生のナンシー（Nancy）が教室で話しています。二人の対話が成り立つように，下線部①から③までのそれぞれの（　　）内に最も適当な語を入れて，英文を完成させなさい。ただし，（　　）内に示されている文字で始まる語を解答すること。

Kento: Oh, no. I don't know what to do.

Nancy: ①Kento, you (l　　) (s　　) nervous.

Kento: Well, Nancy, the math test was very difficult. I'm disappointed in myself.

Nancy: You prepared for the test yesterday, didn't you?

Kento: No. ②I (m　　) math for English (l　　) night. So I studied English, not math.

Nancy: I see. You should forget the past, and do your best for tomorrow.

Kento: ③Thank you (f　　) your (a　　).

（注） be disappointed in ～　～にがっかりしている

令和４年学力検査

全　日　制　課　程　A

第 5 時 限 問 題

外 国 語（英 語）筆記検査

検査時間　14時50分から15時30分まで

「解答始め」という指示があるまで，次の注意をよく読みなさい。

注　　　意

(1) 解答用紙は，この問題用紙とは別になっています。

(2) 「解答始め」という指示で，すぐ受検番号をこの表紙と解答用紙の決められた欄に書きなさい。

(3) 問題は(1)ページから(5)ページまであります。表紙の裏と(5)ページの次は白紙になっています。受検番号を記入したあと，問題の各ページを確かめ，不備のある場合は手をあげて申し出なさい。

(4) 答えは全て解答用紙の決められた欄に書きなさい。

(5) 印刷の文字が不鮮明なときは，手をあげて質問してもよろしい。

(6) 「解答やめ」という指示で，書くことをやめ，解答用紙と問題用紙を別々にして机の上に置きなさい。

受検番号	第　　　　　　番

外国語（英語）聞き取り検査

※教英出版注
音声は，解答集の書籍ＩＤ番号を教英出版ウェブサイトで入力して聴くことができます。

指示に従って，聞き取り検査の問題に答えなさい。

「答え方」

問題は第１問と第２問の二つに分かれています。

第１問は，１番から３番までの三つあります。それぞれについて，最初に対話を聞き，続いて，対話についての問いと，問いに対する答え，a，b，c，d を聞きます。そのあと，もう一度，その対話，問い，問いに対する答えを聞きます。必要があればメモをとってもよろしい。

問いの答えとして正しいものは解答欄の「正《せい》」の文字を，誤っているものは解答欄の「誤《ご》」の文字を，それぞれ○《まる》でかこみなさい。正しいものは，各問いについて一つしかありません。

第２問では，最初に，英語による天気予報を聞きます。続いて，天気予報についての問いと，問いに対する答え，a，b，c，d を聞きます。問いは問１と問２の二つあります。そのあと，もう一度，天気予報，問い，問いに対する答えを聞きます。必要があればメモをとってもよろしい。

問いの答えとして正しいものは解答欄の「正《せい》」の文字を，誤っているものは解答欄の「誤《ご》」の文字を，それぞれ○《まる》でかこみなさい。正しいものは，各問いについて一つしかありません。

令和４年学力検査

全　日　制　課　程　A

第５時限問題

外国語（英語）聞き取り検査

検査時間　14時25分から10分間程度

聞き取り検査は全て放送機器を使って行います。指示があるまで，次の注意をよく読みなさい。

注　　意

(1) 解答用紙は，この問題用紙とは別になっています。

(2) 「始め」という指示で，すぐ受検番号をこの表紙と解答用紙の決められた欄に書きなさい。

(3) 「始め」という指示があってから，聞き取り検査が始まるまで，１分あります。(1)ページの「答え方」をよく読みなさい。

(4) 受検番号を記入したあと，各ページを確かめ，不備のある場合は手をあげて申し出なさい。

(5) 答えは全て解答用紙の決められた欄に書きなさい。

(6) 印刷の文字が不鮮明なときは，手をあげて質問してもよろしい。

(7) 「やめ」という指示で，書くことをやめ，解答用紙と問題用紙を別々にして机の上に置きなさい。

受検番号	第　　　　　　　　番

3 塩酸と水酸化ナトリウム水溶液を混ぜたときにできる水溶液の性質を調べるため，次の〔実験１〕と〔実験２〕を行った。

〔実験１〕 ① ８個のビーカーA，B，C，D，E，F，G，Hを用意し，それぞれのビーカーに同じ濃さの塩酸を20cm³ずつ入れた。

② **図１**のように，①のそれぞれのビーカーに，同じ濃さの水酸化ナトリウム水溶液２cm³，４cm³，６cm³，８cm³，10cm³，12cm³，14cm³，16cm³を加えて，ガラス棒でよくかき混ぜた。

図１

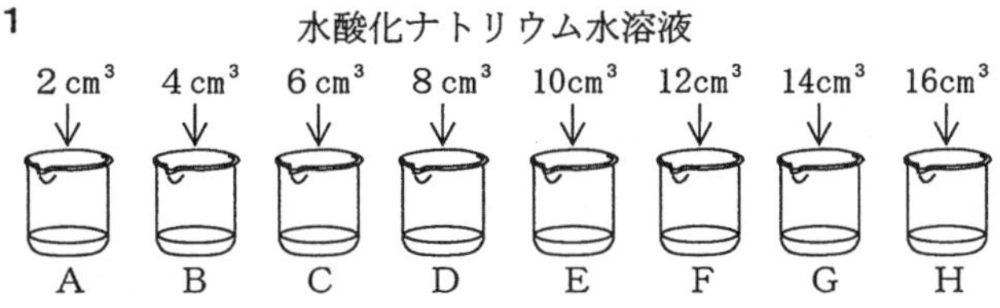

③ ②のビーカーA，B，C，D，E，F，G，Hに，ＢＴＢ溶液を数滴加えてからよくかき混ぜて，水溶液の色を観察した。

〔実験２〕 ① 〔実験１〕の①，②と同じことを行った。

② 三角フラスコにマグネシウムリボン0.1ｇを入れた。

③ ②の三角フラスコ，ゴム栓，ガラス管，ゴム管，水を入れた水そう，メスシリンダーを使い，発生する気体の体積を測定する装置を組み立てた。

④ **図２**のように，①のビーカーＡの水溶液を全て三角フラスコ内に入れた直後，ゴム栓を閉じ，発生した気体**X**を全てメスシリンダーに集め，その体積を測定した。

⑤ 次に，④で三角フラスコ内に入れる水溶液をビーカーB，C，D，E，F，G，Hの水溶液にかえて，それぞれ②から④までと同じことを行った。

図２

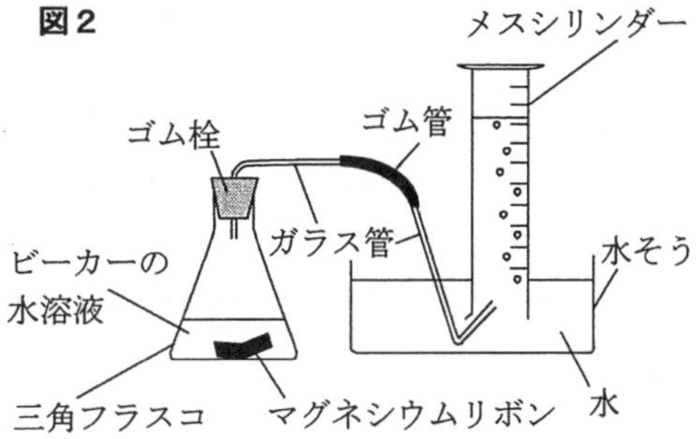

表１，**表２**は，それぞれ〔実験１〕，〔実験２〕の結果をまとめたものである。また，**図３**は，〔実験２〕の結果について，横軸に〔実験１〕で加えた水酸化ナトリウム水溶液の体積〔cm³〕を，縦軸に発生した気体の体積〔cm³〕をとり，その関係をグラフに表したものである。

表１

ビーカー	A	B	C	D	E	F	G	H
塩酸の体積〔cm³〕	20	20	20	20	20	20	20	20
加えた水酸化ナトリウム水溶液の体積〔cm³〕	2	4	6	8	10	12	14	16
ＢＴＢ溶液を加えたときの水溶液の色	黄	黄	黄	黄	黄	緑	青	青

表２

ビーカー	A	B	C	D	E	F	G	H
マグネシウムリボン〔g〕	0.1	0.1	0.1	0.1	0.1	0.1	0.1	0.1
発生した気体の体積〔cm³〕	100	100	75	50	25	0	0	0

(2) **図２**は植物の分類を示したものであり，エンドウは離弁花類に分類される。なお，**図２**の（ａ）植物と（ｂ）植物は，被子植物と裸子植物のいずれかであり，（ｃ）類と（ｄ）類は双子葉類と単子葉類のいずれかである。（ｂ）と（ｄ）にあてはまる語は何か。また，（ｅ）類に分類される植物にはどのようなものがあるか。これらの組み合わせとして最も適当なものを，下の**ア**から**ク**までの中から選んで，そのかな符号を書きなさい。

図２

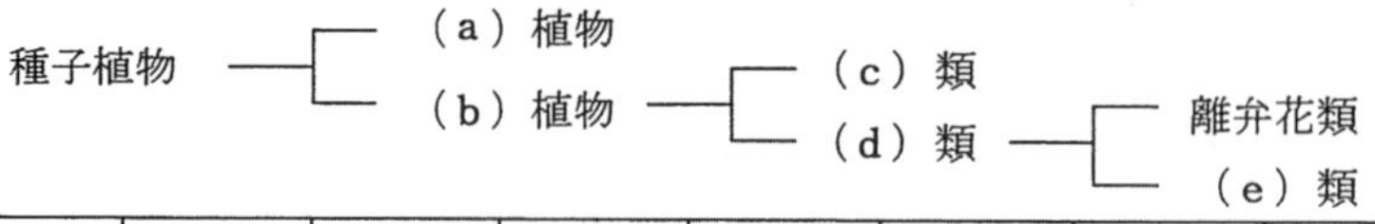

	ア	**イ**	**ウ**	**エ**	**オ**	**カ**	**キ**	**ク**
b	被子	被子	被子	被子	裸子	裸子	裸子	裸子
d	双子葉	双子葉	単子葉	単子葉	双子葉	双子葉	単子葉	単子葉
（ｅ）類の植物	アブラナ	ツツジ	アブラナ	ツツジ	アブラナ	ツツジ	アブラナ	ツツジ

(3) **表**に示したＡグループ，Ｃグループ，Ｄグループの種子の形を決める遺伝子の組み合わせについて説明した文として最も適当なものを，次の**ア**から**エ**までの中から選んで，そのかな符号を書きなさい。

ア　Ａグループの種子の遺伝子の組み合わせは，Ｃグループと同じであり，Ｄグループとは異なる。
イ　Ａグループの種子の遺伝子の組み合わせは，Ｄグループと同じであり，Ｃグループとは異なる。
ウ　Ｃグループの種子の遺伝子の組み合わせは，Ｄグループと同じであり，Ａグループとは異なる。
エ　Ａグループの種子の遺伝子の組み合わせは，Ｃグループ，Ｄグループと同じである。

(4) **表**のＥグループの丸形の種子のように，丸形の種子の中には遺伝子の組み合わせがわからないものがあり，この種子をＷとする。次の文章は，種子Ｗの遺伝子の組み合わせを特定するための方法について説明したものである。文章中の（　Ⅰ　）から（　Ⅲ　）までのそれぞれにあてはまる語の組み合わせとして最も適当なものを，下の**ア**から**カ**までの中から選んで，そのかな符号を書きなさい。

> 種子Ｗをまいて育てたエンドウのめしべに，（　Ⅰ　）の種子をまいて育てたエンドウの花粉をつけて得られた種子の形を調べることによって，種子Ｗの遺伝子の組み合わせを特定することができる。
> 種子の形を丸形にする遺伝子をＡ，しわ形にする遺伝子をａとすると，得られた種子が（　Ⅱ　）であれば，種子Ｗの遺伝子の組み合わせはＡＡであり，得られた種子が（　Ⅲ　）であれば，種子Ｗの遺伝子の組み合わせはＡａであることがわかる。

	Ⅰ	Ⅱ	Ⅲ
ア	丸形	全て丸形	丸形：しわ形＝３：１
イ	丸形	全て丸形	丸形：しわ形＝１：１
ウ	丸形	丸形：しわ形＝３：１	丸形：しわ形＝１：１
エ	しわ形	全て丸形	丸形：しわ形＝３：１
オ	しわ形	全て丸形	丸形：しわ形＝１：１
カ	しわ形	丸形：しわ形＝３：１	丸形：しわ形＝１：１

2 太郎さんと花子さんは，エンドウの花のつくりと，種子の形の遺伝について調べた。次の【**会話文**】は，そのときの２人の会話である。また，**図１**は，エンドウの花の断面を模式的に示したものである。

図１

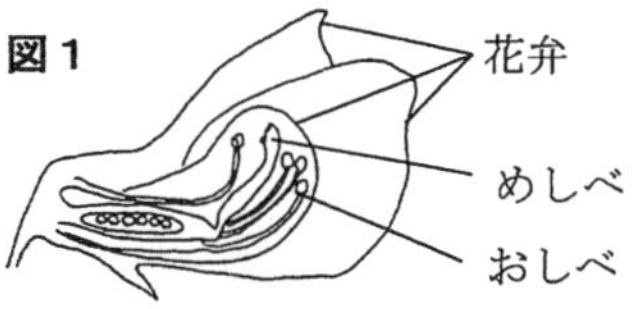

【**会話文**】

> 太郎：エンドウの X<u>おしべとめしべは，花弁に包まれていて</u>観察することができないよ。
> 花子：そうね。花を分解して観察してみましょう。
> 太郎：Y<u>花弁が５枚にわかれていて</u>，花弁の内側におしべとめしべがあり，Z<u>花弁の外側にがくがあるね</u>。
> 花子：めしべに花粉がつくことで種子ができるんだったね。
> 太郎：エンドウの種子の形には丸形としわ形があり，１対の遺伝子によって形が決まると習ったよ。
> 花子：エンドウの種子の形がどのように遺伝するのか，調べてみましょう。

太郎さんと花子さんは，次の〔観察１〕から〔観察３〕までを行った。

〔観察１〕　①　丸形の種子をつくる純系のエンドウと，しわ形の種子をつくる純系のエンドウをそれぞれ自然の状態で受粉させた。
②　①で，丸形の種子をつくる純系のエンドウからできた種子をＡグループ，しわ形の種子をつくる純系のエンドウからできた種子をＢグループとして，種子の形を観察した。

〔観察２〕　①　丸形の種子をつくる純系のエンドウのめしべに，しわ形の種子をつくる純系のエンドウの花粉をつけた。
②　①でできた種子をＣグループとし，種子の形を観察した。
③　次に，しわ形の種子をつくる純系のエンドウのめしべに，丸形の種子をつくる純系のエンドウの花粉をつけた。
④　③でできた種子をＤグループとし，種子の形を観察した。

〔観察３〕　①　Ｄグループの種子をまいて育て，自然の状態で受粉させた。
②　①でできた種子をＥグループとし，種子の形を観察した。

表は，〔観察１〕から〔観察３〕までの結果をまとめたものである。

表

	〔観察１〕		〔観察２〕		〔観察３〕
	Ａグループ	Ｂグループ	Ｃグループ	Ｄグループ	Ｅグループ
種子の形	全て丸形	全てしわ形	全て丸形	全て丸形	丸形としわ形

次の(1)から(4)までの問いに答えなさい。

(1) 次の文章は，〔観察１〕で，Ｂグループの種子が全てしわ形になった理由について説明したものである。文章中の（　Ⅰ　）と（　Ⅱ　）にあてはまる語の組み合わせとして最も適当なものを，下の**ア**から**カ**までの中から選んで，そのかな符号を書きなさい。

> Ｂグループの種子が全てしわ形になったのは，エンドウは〔観察１〕のような自然の状態では（　Ⅰ　）を行うためである。これは，エンドウの花が【**会話文**】の下線部（　Ⅱ　）に示したつくりをしているためである。

ア　Ⅰ　自家受粉，Ⅱ　X　　**イ**　Ⅰ　自家受粉，Ⅱ　Y　　**ウ**　Ⅰ　自家受粉，Ⅱ　Z
エ　Ⅰ　栄養生殖，Ⅱ　X　　**オ**　Ⅰ　栄養生殖，Ⅱ　Y　　**カ**　Ⅰ　栄養生殖，Ⅱ　Z

理　　科

1 次の(1)，(2)の問いに答えなさい。

(1) **図**は，ヒトの心臓を模式的に示したものであり，次の文章は，ヒトの心臓のはたらきについて説明したものである。文章中の（　①　），（　②　）にあてはまる語として最も適当なものを，下の**ア**から**カ**までの中からそれぞれ選んで，そのかな符号を書きなさい。

図

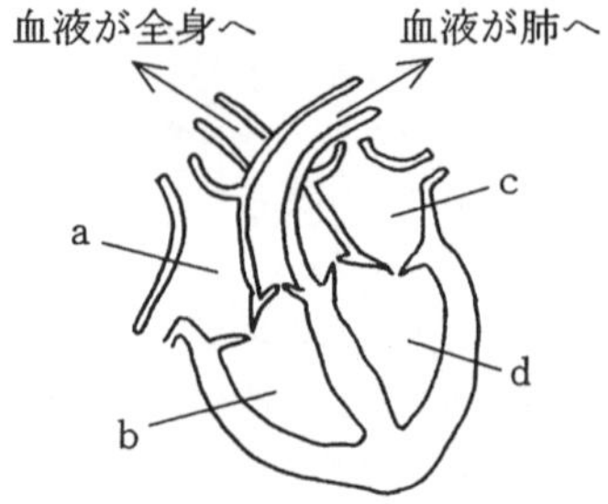

ヒトの心臓は周期的に収縮することで，血液を肺や全身の組織に送り出している。血液が心臓から押し出されるときには，**図**の（　①　）が収縮する。 　また，全身を流れる血液には動脈血と静脈血があり，動脈血が流れているのは，**図**の（　②　）である。

ア　aとb　　**イ**　aとc　　**ウ**　aとd
エ　bとc　　**オ**　bとd　　**カ**　cとd

(2) 日本付近にはいくつかの気団があり，これらの気団は季節ごとに発達する。**図**は，代表的な日本付近の２つの気団を模式的に表したものである。

　日本付近で発達する気団について説明した文章として最も適当なものを，次の**ア**から**エ**までの中から選んで，そのかな符号を書きなさい。

図

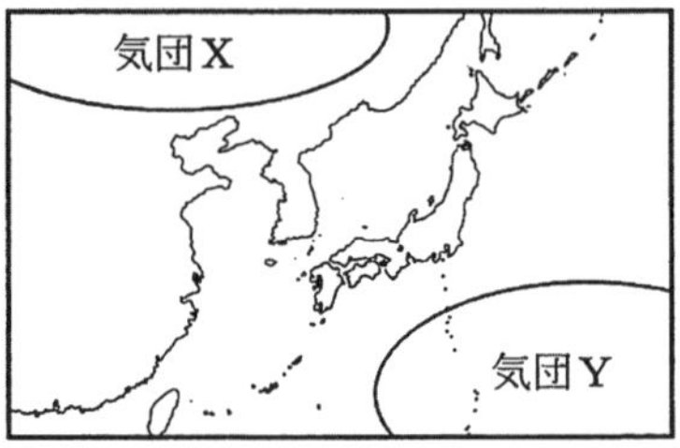

ア　日本付近では，夏になると**図**の気団Xが発達する。気団Xはあたたかくしめった空気のかたまりである。

イ　日本付近では，夏になると**図**の気団Yが発達する。気団Yはあたたかくかわいた空気のかたまりである。

ウ　日本付近では，冬になると**図**の気団Xが発達する。気団Xは冷たくかわいた空気のかたまりである。

エ　日本付近では，冬になると**図**の気団Yが発達する。気団Yは冷たくしめった空気のかたまりである。

令和４年学力検査

全　日　制　課　程　A

第 4 時 限 問 題

理　　　科

検査時間　13時15分から14時00分まで

「解答始め」という指示があるまで，次の注意をよく読みなさい。

注　　意

(1) 解答用紙は，この問題用紙とは別になっています。

(2) 「解答始め」という指示で，すぐ受検番号をこの表紙と解答用紙の決められた欄に書きなさい。

(3) 問題は(1)ページから(10)ページまであります。表紙の裏と(10)ページの次からは白紙になっています。受検番号を記入したあと，問題の各ページを確かめ，不備のある場合は手をあげて申し出なさい。

(4) 白紙のページは，計算などに使ってもよろしい。

(5) 答えは全て解答用紙の決められた欄に書きなさい。

(6) 印刷の文字が不鮮明なときは，手をあげて質問してもよろしい。

(7) 「解答やめ」という指示で，書くことをやめ，解答用紙と問題用紙を別々にして机の上に置きなさい。

受検番号	第　　　　　番

社　　会

1　次のⅠ，Ⅱ，Ⅲの写真は，歴史的な遺構を示したものである。あとの(1)から(3)までの問いに答えなさい。

Ⅰ　多賀城跡

Ⅱ　一乗谷朝倉《あさくら》氏遺跡

Ⅲ　五稜郭

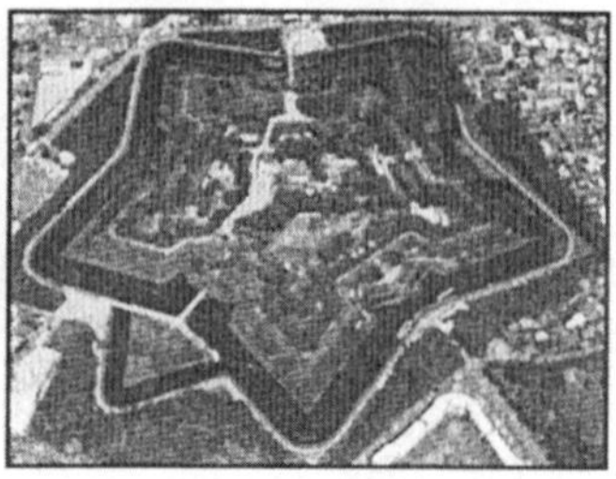

(1)　次の文章は，生徒がⅠについて調べる際に作成したメモである。文章中の（　①　），（　②　），（　③　）にあてはまることばの組み合わせとして最も適当なものを，下の**ア**から**ク**までの中から選んで，そのかな符号を書きなさい。

朝廷は，東北地方に住む人々を（　①　）とよび，東北地方を支配する拠点として多賀城などを築きました。9世紀初めに，（　②　）天皇は（　③　）を征夷大将軍に任命して東北地方に大軍を送り，朝廷の支配を広げました。

ア　①　蝦夷　②　桓武《かんむ》　③　源 義家《みなもとのよしいえ》　　**イ**　①　蝦夷　②　桓武　③　坂上田村麻呂《さかのうえのたむらまろ》
ウ　①　蝦夷　②　聖武《しょうむ》　③　源義家　　**エ**　①　蝦夷　②　聖武　③　坂上田村麻呂
オ　①　南蛮人　②　桓武　③　源義家　　**カ**　①　南蛮人　②　桓武　③　坂上田村麻呂
キ　①　南蛮人　②　聖武　③　源義家　　**ク**　①　南蛮人　②　聖武　③　坂上田村麻呂

(2)　Ⅱの写真は，一乗谷の城下町の一部を復元（復原）したものである。この町が織田信長《おだのぶなが》によって焼き払われた後の世界のできごとについて述べた文として適当なものを，次の**ア**から**エ**までの中から全て選んで，そのかな符号を書きなさい。

ア　イギリスで名誉革命がおこり，「権利の章典（権利章典）」が定められた。
イ　朝鮮半島で李成桂《りせいけい》（イソンゲ）が高麗を滅ぼして，朝鮮という国を建てた。
ウ　コロンブスが，アメリカ大陸付近のカリブ海にある西インド諸島に到達した。
エ　インド人兵士の反乱をきっかけとしたインド大反乱が，イギリスによって鎮圧された。

(3)　次の文章は，Ⅲの写真について生徒が説明したものである。文章中の（　④　）にあてはまることばとして最も適当なものを，下の**ア**から**オ**までの中から選んで，そのかな符号を書きなさい。
　なお，文章中の2か所の（　④　）には同じことばがあてはまる。

五稜郭は，（　④　）が開港した後，外国からの防衛などの目的で築かれた西洋式の城郭で，現在の（　④　）市にあります。約1年半に及ぶ旧幕府軍と新政府軍の戦いである戊辰戦争の最後の戦いで，旧幕府軍はこの五稜郭に立てこもって戦いました。

ア　神戸　　**イ**　下田　　**ウ**　長崎　　**エ**　函館　　**オ**　横浜

2 次のⅠの略年表は，日本の金山，銀山，銅山に関するできごとを示したものであり，Ⅱの略地図中のA，B，C，Dは，それぞれⅠの略年表中の生野銀山，石見銀山，足尾銅山，佐渡金山のいずれかの位置を示したものである。あとの(1)から(4)までの問いに答えなさい。

Ⅰ　略年表

世紀	できごと
9	生野銀山が発見される
	↕ a
1 6	石見銀山が発見される
	↕ b
1 9	足尾銅山鉱毒事件が表面化する
	↕ c
2 0	佐渡金山が閉山する

Ⅱ　略地図

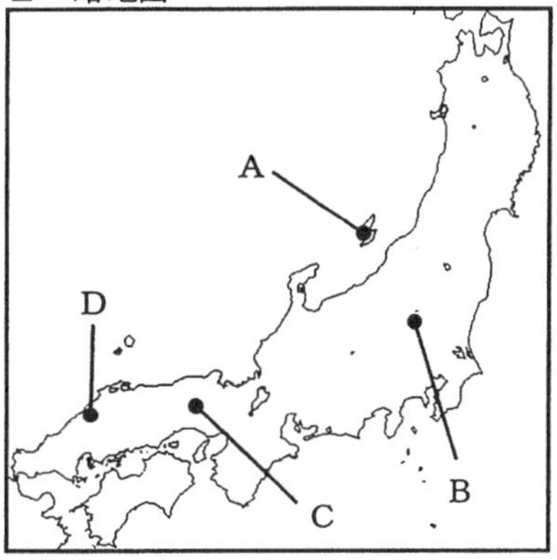

(1) 次のXの彫刻がつくられた時期とYの絵画が描かれた時期は，それぞれⅠの略年表中のａ，ｂ，ｃの期間のうちのどれか。その組み合わせとして最も適当なものを，下の**ア**から**カ**までの中から選んで，そのかな符号を書きなさい。

X　東大寺南大門の金剛力士像

Y　見返り美人図

ア　X：a　Y：b　　**イ**　X：a　Y：c　　**ウ**　X：b　Y：a
エ　X：b　Y：c　　**オ**　X：c　Y：a　　**カ**　X：c　Y：b

(2) 次のアからエまでの文は，Ⅰの略年表中の足尾銅山鉱毒事件が表面化した時期のできごとについて述べたものである。これらの文に述べられたできごとを年代の古い順に並べたとき，２番目と３番目になるもののかな符号をそれぞれ書きなさい。

ア　近代的な内閣制度ができ，初代の内閣総理大臣に伊藤博文《いとうひろぶみ》が就任した。

イ　各地の自由民権運動の代表者が大阪に集まり，国会期成同盟を結成した。

ウ　衆議院議員の総選挙が初めて行われ，第１回帝国議会が開かれた。

エ　天皇が国民に与えるという形で，大日本帝国憲法が発布された。

(3) 石見銀山の位置として最も適当なものを，Ⅱの略地図中のＡからＤまでの中から選んで，その符号を書きなさい。また，次の文章は，石見銀山について生徒が調べてまとめたものの一部である。文章中の下線部の時期の日本のようすとして最も適当なものを，下のアからエまでの中から選んで，そのかな符号を書きなさい。

> 石見銀山は，1527年から本格的に採掘が始まったといわれています。1533年に銀の新しい精錬技術が導入されたことで，より効率的に銀を得られるようになり，日本を代表する銀山となりました。1923年には採掘を終了しましたが，2007年には石見銀山遺跡とその文化的景観が世界遺産に登録されました。

ア　都市では大商人が株仲間という同業者組織をつくり，大きな利益を上げていた。

イ　藤原《ふじわら》氏が他の貴族を退けて勢力を強め，摂政や関白の職につき，政治の実権を握っていた。

ウ　戦国大名たちは，城下町をつくったり，独自の分国法を定めるなどして，領国を支配した。

エ　法然《ほうねん》による浄土宗や，親鸞《しんらん》による浄土真宗など新しい仏教の教えが次々と生まれた。

(4) 次の文章は，開国後の日本のようすについて生徒がまとめたものの一部である。文章中の□にあてはまることばを，下の語群から２語選んで用い，15字以下で書きなさい。また，（　①　），（　②　），（　③　）にあてはまることばの組み合わせとして最も適当なものを，あとのアからエまでの中から選んで，そのかな符号を書きなさい。

> 開国後に貿易が開始されると，日本では，イギリスなどからの安価な□が打撃を受け，さまざまな生活用品も値上がりしました。また，金と銀の交換比率が，日本では１：５であったのに対し，外国では１：15であったことから，欧米の商人によってもたらされた（　①　）が日本で（　②　）に交換され，日本から（　③　）が外国に持ち出されました。

【語群】　生糸の輸入　　綿糸の輸入　　国内の生産地　　国外の消費地

ア　①　金貨　　②　銀貨　　③　金貨

イ　①　金貨　　②　銀貨　　③　銀貨

ウ　①　銀貨　　②　金貨　　③　金貨

エ　①　銀貨　　②　金貨　　③　銀貨

3 次のⅠの略地図は，近畿地方とその周辺を示したものであり，Ⅱのグラフは，３都市の月別降水量と月別平均気温を示したものである。また，Ⅲの表は，７府県の海岸線距離，国宝の建造物の件数，昼夜間人口比率を示したものである。あとの(1)から(3)までの問いに答えなさい。

なお，Ⅱのグラフのａ，ｂ，ｃは，それぞれ明石市，新宮市，宮津市のいずれかである。また，Ⅲの表中のｗ，ｘ，ｙ，ｚは，それぞれ大阪府，京都府，奈良県，兵庫県のいずれかである。

Ⅰ　略地図

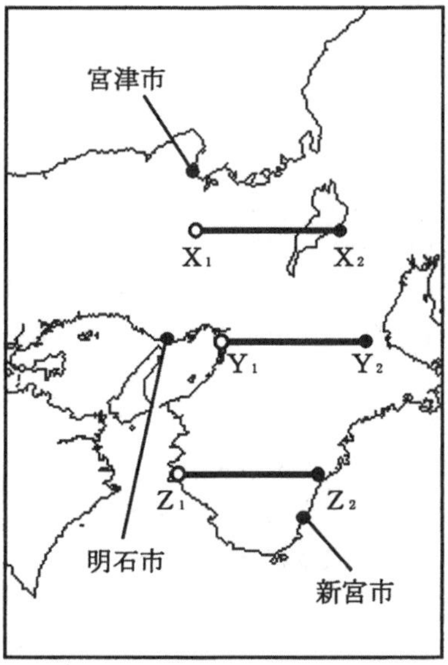

Ⅱ　３都市の月別降水量と月別平均気温

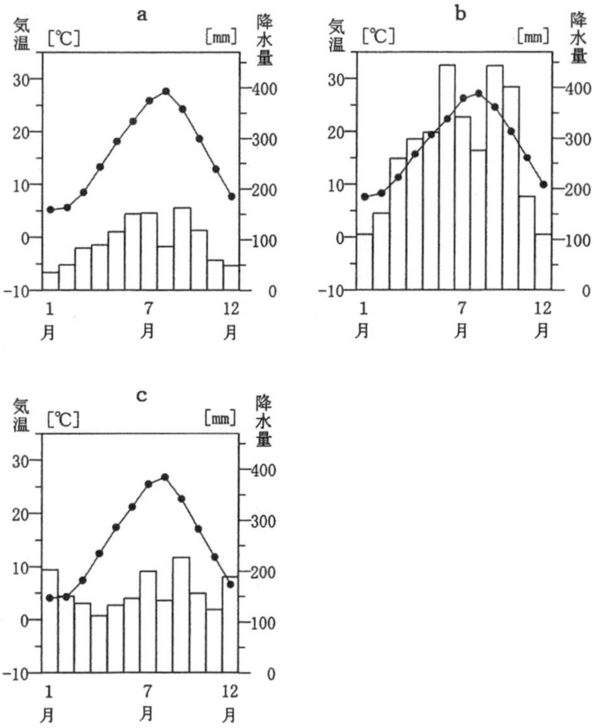

（気象庁ウェブページをもとに作成）

Ⅲ　７府県の海岸線距離，国宝の建造物の件数，昼夜間人口比率

府県名	海岸線距離(m)	国宝の建造物の件数	昼夜間人口比率
三重県	1 091 474	2	98.3
w	847 720	11	95.7
和歌山県	650 463	7	98.2
x	315 235	52	101.8
y	233 384	5	104.4
z	0	64	90.0
滋賀県	0	22	96.5

（注）昼夜間人口比率は，常住（夜間）人口100人あたりの昼間人口を示す。

（「理科年表　2021」などをもとに作成）

令和４年学力検査

全　日　制　課　程　A

第 3 時 限 問 題

社　　　会

検査時間　11時30分から12時15分まで

「解答始め」という指示があるまで，次の注意をよく読みなさい。

注　　　意

(1) 解答用紙は，この問題用紙とは別になっています。

(2) 「解答始め」という指示で，すぐ受検番号をこの表紙と解答用紙の決められた欄に書きなさい。

(3) 問題は(1)ページから(10)ページまであります。表紙の裏と(10)ページの次からは白紙になっています。受検番号を記入したあと，問題の各ページを確かめ，不備のある場合は手をあげて申し出なさい。

(4) 答えは全て解答用紙の決められた欄に書きなさい。

(5) 印刷の文字が不鮮明なときは，手をあげて質問してもよろしい。

(6) 「解答やめ」という指示で，書くことをやめ，解答用紙と問題用紙を別々にして机の上に置きなさい。

受検番号	第　　　　　番

2　次の(1)から(3)までの問いに答えなさい。

(1)　図で，Oは原点，点A，B，C，Dの座標はそれぞれ（0，6），（−3，0），（6，0），（3，4）である。また，Eは x 軸上を動く点である。

△ABEの面積が四角形ABCDの面積の $\frac{1}{2}$ 倍となる場合が2通りある。このときの点Eの座標を2つとも求めなさい。

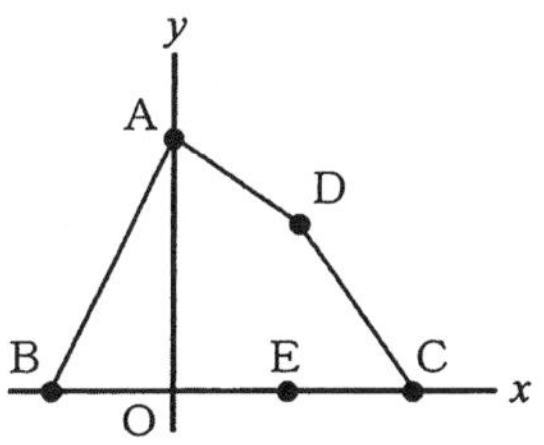

(2)　次の文章中の［　Ⅰ　］にあてはまる式を書きなさい。また，［　Ⅱ　］にあてはまる数を書きなさい。

> 1から9までの9個の数字から異なる3個の数字を選び，3けたの整数をつくるとき，つくることができる整数のうち，1番大きい数をA，1番小さい数をBとする。例えば，2，4，7を選んだときは，A＝742，B＝247となる。
>
> A−B＝396となる3個の数字の選び方が全部で何通りあるかを，次のように考えた。
>
> 選んだ3個の数字を，a，b，c（$a > b > c$）とするとき，A−Bを a，b，c を使って表すと，［　Ⅰ　］となる。この式を利用することにより，A−B＝396となる3個の数字の選び方は，全部で［　Ⅱ　］通りであることがわかる。

数　　学

1　次の(1)から(10)までの問いに答えなさい。

(1)　$8+(-3)\times 2$　を計算しなさい。

(2)　$\dfrac{2x-3}{6}-\dfrac{3x-2}{9}$　を計算しなさい。

(3)　$5x^2\div(-4xy)^2\times 32xy^2$　を計算しなさい。

(4)　$(\sqrt{5}-\sqrt{3})(\sqrt{20}+\sqrt{12})$　を計算しなさい。

(5)　方程式　$5(2-x)=(x-4)(x+2)$　を解きなさい。

(6)　次の**ア**から**エ**までの中から，y が x に反比例するものを全て選んで，そのかな符号を書きなさい。

ア　1辺の長さが x cm である立方体の体積 y cm^3

イ　面積が 35 cm^2 である長方形のたての長さ x cm と横の長さ y cm

ウ　1辺の長さが x cm である正方形の周の長さ y cm

エ　15 kmの道のりを時速 x kmで進むときにかかる時間 y 時間

(7)　6人の生徒が1か月間に読んだ本の冊数を少ない順に並べると，右のようになった。

6人の生徒が1か月間に読んだ本の冊数の平均値と中央値が同じとき，aの値を求めなさい。

（単位：冊）

1，3，5，a，10，12

(8)　A，Bは関数 $y=x^2$ のグラフ上の点で，x 座標がそれぞれ-3，6のとき，直線ABに平行で原点を通る直線の式を求めなさい。

(9)　体積の等しい2つの円柱P，Qがあり，それぞれの底面の円の半径の比は3：5である。

このとき，円柱Qの高さは，円柱Pの高さの何倍か，求めなさい。

(10)　図で，四角形ABCDはAD//BCの台形，Eは線分ACとDBとの交点である。

AD＝6 cm，AE＝3 cm，EC＝7 cmのとき，BCの長さは何cmか，求めなさい。

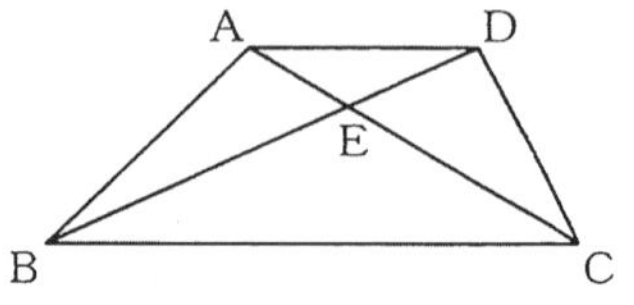

令和４年学力検査

全　日　制　課　程　A

第２時限問題

数　　学

検査時間　10時20分から11時05分まで

「解答始め」という指示があるまで，次の注意をよく読みなさい。

注　　意

(1) 解答用紙は，この問題用紙とは別になっています。

(2) 「解答始め」という指示で，すぐ受検番号をこの表紙と解答用紙の決められた欄に書きなさい。

(3) 問題は(1)ページから(4)ページまであります。表紙の裏と(4)ページの次からは白紙になっています。受検番号を記入したあと，問題の各ページを確かめ，不備のある場合は手をあげて申し出なさい。

(4) 白紙のページは，計算などに使ってもよろしい。

(5) 答えは全て解答用紙の決められた欄に書きなさい。

(6) 印刷の文字が不鮮明なときは，手をあげて質問してもよろしい。

(7) 「解答やめ」という指示で，書くことをやめ，解答用紙と問題用紙を別々にして机の上に置きなさい。

受検番号	第　　　　　　番

文様の創作に取りかかった。（中略）

5 彼女は内弟子ではなかったが、それに準ずるだけの技術をもっていたから、松磐堂に多量な注文があった場合はその仕事を手伝わねばならなかった。単純な文様の菓子皿だとか盆のようなものが多かった。下請け的な仕事だったが、それによってかなりの報酬を得ていた。山へ行く費用はもちろんのこと小遣い銭にも不自由はなかった。やろうとすればそういう仕事はいくらでもあったが、必要以上の仕事を持ち込んでくることはなかった。松磐に頼むと言われると徹夜をしてもその仕事をやった。仕事が丁寧で間違いがなく、出来上がりが立派だった。彼女は屈輪文様のことはしばらく頭の外に置こうと思った。そればかり考えているといよいよ溝に落ち込んでしまうからであった。

6 夏が終わった。鎌倉の海岸から海水浴客の姿が消えたころ続けて台風がやって来た。海水浴場はきれいになった。台風が去った朝、海岸をチビをつれて走った。犬を解き放し、砂浜を力いっぱい走ると汗が出た。彼女は砂浜に腰をおろして海の向こうに目をやった。巻雲が浮かんでいた。が、谷川岳の頂で見たものとは違って、その先端がカールしてはいなかった。波が高かった。台風の余波が白い牙を出して、おしよせていた。その三角波の波頭が岸近くになって巻き崩れるように落ちていくのを見て、彼女は一つのヒントを得た。巻雲のカールと波のカールを合一した文様はできないだろうかという着想だった。それを紙に書いてみたくなった。その朝は鎌倉山へかけ登る予定だったが、それをやめて、最短距離を走り帰って二階の机に向かった。

7 彼女は三時間ほど遅れて松磐堂の仕事場へ行った。お早うございます、の挨拶のあとに彼女は、「これでよろしいでしょうか」と言って文様を書いた紙を師の前に置いた。彼女がお早うございます以外の言葉を使ったのが珍しかったので、松磐は彼女の顔を見てから文様を書いた紙を手もとに引きよせた。それは雲と波とが和合する図であった。雲は明らかに巻雲を示すもので、繊細な巻雲の渦が次々とからまり合うように連なっている下に、明らかに怒濤《どとう》の波頭を思わせるような雄大な渦が立ち並んでいた。静と動とを屈輪文様で描いたともいえたし、雲と波との戯《たわむ》れを神秘的に象徴化したともいえた。新しい観点から発した屈輪文様で、過去の形式を脱しながら屈輪文様としての基礎的作法を忘れてはいなかった。松磐は言葉を失ったようであった。とっさに言葉は出なかったが、感動は彼の表情を①怒った顔にしていた。「これは金牌《きんぱい》ものだ」とひとこと言った。毎年、秋遅くになって鎌倉彫の新作展覧会があった。優等賞には金牌が贈られた。金牌は一つの場合も二つの場合もあったが、多くは既に巨匠と呼ばれている人のために用意されていた。松磐も金牌受賞者の一人だった。まれには若い人がその賞を受けて一躍巨匠の中に加わることがあった。「これは金牌もの以上だ」と松磐はほめてから、「あとは彫るだけだ」と言った。②松磐の顔に複雑な色が動いた。

（新田次郎《にったじろう》『銀嶺《ぎんれい》の人』新潮文庫刊による）

（注）
○ 1～7は段落符号である。
○ 巻雲《けんうん》＝高い空にほうきで掃いたようにかかる白雲。
○ カール＝巻いていること。
○ 佐久間博《さくまひろし》＝美佐子の所属する山岳会の主宰者。
○ ハーケン＝岩登りの際、岩の割れ目に打ち込んで手がかりや足がかりにする金具。
○ 卜《ぼく》する＝うらなう。
○ 内弟子＝師匠の家に住み込んで教えを受ける弟子。
○ チビ＝美佐子の飼っている犬の名。
○ 怒濤《どとう》＝激しく荒れる大波。
○ 金牌《きんぱい》＝賞として与えられる金色の盾やメダル。

(一) 本文中の〈A〉、〈B〉にあてはまることばの組み合わせとして最も適当なものを、次の**ア**から**エ**までの中から選んで、そのかな符号を書きなさい。

ア 〈A〉沈んで　〈B〉甘えて

イ 〈A〉沈んで　〈B〉反発して

ウ 〈A〉張りつめて　〈B〉反発して

エ 〈A〉張りつめて　〈B〉甘えて

(二) 美佐子と「山」とのかかわりについて説明したものとして最も適当なものを、次の**ア**から**エ**までの中から選んで、そのかな符号を書きなさい。

ア 新しい文様を生み出すのは難しく、行き詰まってどうしようもなくなったとき、山という雄大な自然は現実から逃避できる場所として心のよりどころになっている。

イ 師の求める作品の水準は高く、文様を完成させる自信はもてないが、文様を完成させることができれば未登攀の岩壁を登ることができるような気がしている。

ウ 未知の世界に挑む難しさを思い、他人のまねをすることなく新しい文様を創作する行為と、誰も登ったことのないルートで岩壁を登る行為を重ね合わせている。

エ 新しい文様のヒントは意外な場所に埋もれており、常に探しながら行動していれば、山の景色の中から手がかりが得られる瞬間がくると確信している。

(三) ①怒った顔　とあるが、美佐子が提示した文様を見たときの松磬の心情として最も適当なものを、次の**ア**から**エ**までの中から選んで、そのかな符号を書きなさい。

ア 美佐子が書いた図案は、自分が教えた技術を生かしながらもそれを超越するものであったため、妬みを感じている。

イ 美佐子が書いた図案は、予想をはるかに上まわる独創的で優れたものであったため、衝撃を覚えている。

ウ 美佐子が書いた図案は、屈輪文様の伝統を無視したかなり斬新なものであったため、不満を感じている。

エ 美佐子が書いた図案は、師の自分を試そうとする意図が感じられるものであったため、腹立たしさを覚えている。

(四) ②松磬の顔に複雑な色が動いた　とあるが、その説明として最も適当なものを、次の**ア**から**エ**までの中から選んで、そのかな符号を書きなさい。

ア 弟子が自分を越えてさらに高みへと成長していくことは、師としてかけがえのない喜びではあるが、一方で自分がかかわれることはもうないと感じている。

イ 弟子が金牌をとることができれば、師として誇らしいことだが、一方で伝統を重んじる世界で弟子の文様は評価されない可能性があることを恐れている。

ウ 弟子が自分の望んだとおりに成長を遂げ、師として大変満足しているが、一方で弟子が今後も同じ水準の作品を彫り続けることができるか心配している。

エ 弟子がこれから鎌倉彫を変えていくことは間違いなく、師として心から期待しているが、一方で鎌倉彫の伝統が受け継がれないのではないかという思いがある。

(五)　次のアからオは、この文章を読んだ生徒五人が、意見を述べ合ったものである。その内容が本文に書かれていないことを含むものを二つ選んで、そのかな符号を書きなさい。

ア（Aさん）　美佐子は真面目でひたむきな、妥協を許さない性格だと思います。自分の気持ちをことばにして表すことはありませんが、師の松磬から与えられた難しい課題に対して、粘り強く取り組む芯の強さを感じます。

イ（Bさん）　文様の案がなかなか定まらない美佐子は、趣味の岩壁登攀をこのまま続けるべきか葛藤したのではないでしょうか。難しい岩壁に一心に向き合うことが、かえってつらい現実を思い出させることになるからです。

ウ（Cさん）　師の松磬は美佐子の新しい発想を求めようとする性格をよく理解しており、自主性を重んじ、完成するまでじっと待っています。創作のヒントは与えるものの、終始、美佐子を温かく見守るという姿勢を貫いています。

エ（Dさん）　美佐子は、創作のヒントが得られると思って旅先の鎌倉の海岸を訪れたことにより、満足のいく文様を完成させることができました。彼女が全ての時間を文様の創作にささげてきた成果が実ったのだと思います。

オ（Eさん）　美佐子の文様は、対照的なものが組み合わさった革新的なデザインで、着想を得た景色とともにその文様が目に浮かぶようです。師の松磐もその文様に、新しさだけでなく、高い次元の芸術性を見たのだと思います。

四　次の漢文（書き下し文）を読んで、あとの（一）から（四）までの問いに答えなさい。（本文の - - - - の左側は現代語訳です。）

宓子《ふくし》、亶父《たんぼ》を治むること三年、而《しか》うして《そして》巫馬期《ふばき》、絻衣短褐《べんいたんかつ》し《粗末な衣装を身につけ》、容貌を易《か》へ《変え》、往《ゆ》きて化《（亶父の）変化の様子》を①観《み》る。②夜漁する者の魚を得て之《これ》を釈《す》つる《逃がす》をア見、巫馬期問ひて曰《い》はく《尋ねて言うことには》、「凡《およ》そ子《し》の魚を為《な》す所は、得んと欲すればなり《そもそもあなたが漁をするのは、魚を手に入れたいからである》。今得て之を釈つるは何ぞや《どうしてか》。」と。漁する者、対《こた》へて《答えて》曰はく、「宓子は人の小魚《稚魚》を取るを欲せざるなり。得る所の者は小魚なり。是《ここ》を以《もつ》て《そこで》之をイ釈つ。」と。巫馬期、帰りて以て③孔子《こうし》に報じて曰はく、「宓子の徳至れり。人の闇行《あんかう》するに、厳刑の其《そ》の側《かたはら》に在ること有るがごとからしむ《人が夜にこっそり行動するときも、まるで厳しい刑がすぐ近くにあるかのように行動させている》。宓子、何を以て《どのようにして》此《ここ》に至れるか。」と。孔子曰はく、「丘《きう》、嘗《かつ》て之にウ問ふに治を以てす《以前宓子にどのように世を治めるのかを尋ねた》。エ言ひて曰はく、『此に《こちら》誠ある者は、彼に刑《あら》はる《あちらにあらわれます》。』と。宓子、必ず此《こ》の術を行ふならん《きっとこのやり方を実践したのであろう》。」と。

（『淮南子《えなんじ》』による）

（注）○ 宓子《ふくし》、巫馬期《ふばき》＝ともに、孔子の弟子。
○ 亶父《たんぼ》＝魯《ろ》の国の地名。　○ 丘《きう》＝孔子の名。

（一）波線部**ア**から**エ**までの中から、主語が①観《み》るの主語と同じものを一つ選んで、そのかな符号を書きなさい。

（二）②漁する者の魚を得て之《これ》を釈《す》つる　とあるが、漁師がこのような行動をとった理由として最も適当なものを、次の**ア**から**エ**までの中から選んで、そのかな符号を書きなさい。

ア　稚魚を捕まえているところを巫馬期に見られたから。
イ　稚魚を捕まえてもたいした利益にはならないから。
ウ　稚魚を捕まえることは宓子が望んでいないから。
エ　稚魚を捕まえることは法律で禁じられているから。

（三）③孔子《こうし》に報じて　とあるが、報告とともに巫馬期が孔子に尋ねたことは何か。その内容として最も適当なものを、次の**ア**から**エ**までの中から選んで、そのかな符号を書きなさい。

ア　どのようにしたら経済活動を盛んにして人々の生活を豊かにすることができるのかということ
イ　どのようにしたら刑罰を意識させずに厳しい法律を人々に受け入れさせることができるのかということ
ウ　どのようにしたら人々が争うことのない落ち着いた世の中にすることができるのかということ
エ　どのようにしたら人が見ていなくても自らの行動を律するよう人々を導くことができるのかということ

（四）次の**ア**から**エ**までの中から、その内容がこの文章に書かれていることと一致するものを一つ選んで、そのかな符号を書きなさい。

ア　巫馬期は、宓子の政治の進め方に感心して自らの政治を改めた。
イ　宓子は、為政者にまごころがあれば民に伝わると考えていた。
ウ　孔子は、刑罰で民を支配する政治は間違っていると主張した。
エ　亶父の人々は、厳しい刑罰におびえながら生活をしていた。

（問題はこれで終わりです。）

2022(R4) 愛知県公立高　A
K 教英出版